YOU CAN ALLOW THE BALL TO FLY STRAIGHT AND FAR

いきなり まっすぐ飛ばせる ようになる!

サンマーク出版

日本プロゴルフ協会会員
FLAGS GOLF SCHOOL 最高執行責任者 新井真一 | SHINICHI ARAI

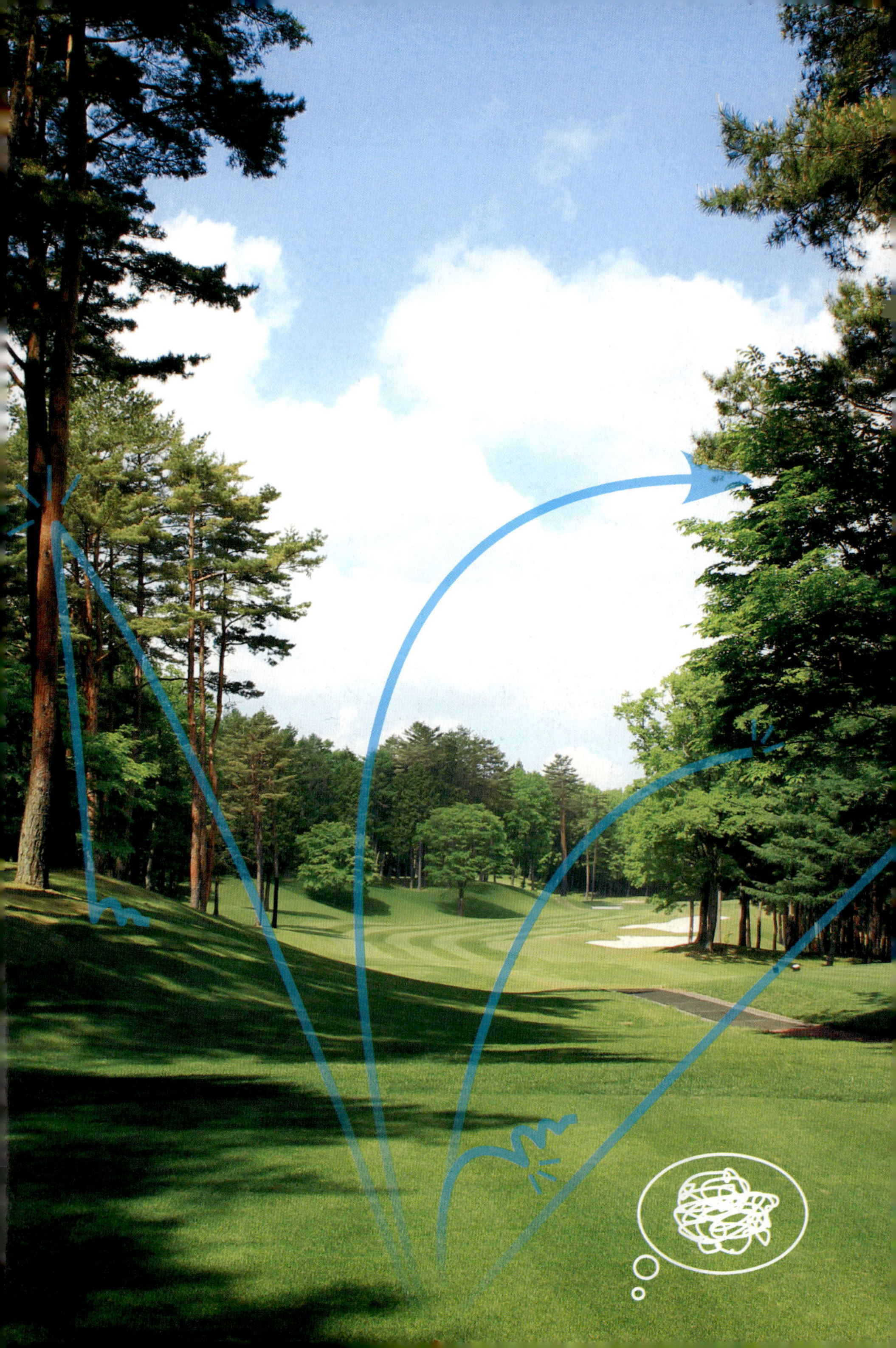

Question

なぜ、あなたのボールはまっすぐ飛ばないのか？

Answer

それは、高性能で特殊な道具を使うから

ゴルフボールは、ほかの球技のものよりかなり小さく、
中には異なる素材が何層かに分かれて詰まっています。
そして、それを打つときには特殊な道具を使います。そう、クラブです。
クラブは見てのとおり、ただの細長い棒ではありません。
ボールを打つ部分（ヘッド）に面があり、横に飛び出しているため、
振ったときの感じがバットやラケットとは、まるで違います。
しかもヘッドに角度がついたものまで……。
さらに最近のクラブは、見た目以上に複雑な機能があり
すべては地面に置かれたボールをより簡単に、
より遠くへ飛ばすために進化する過程で備わったものなのです。
これらを把握し性能を引き出さないかぎり、まっすぐ遠くへ飛ばせません。
ちなみにゴルフボールを思いきり投げても50ヤード程度、
バットでノックしても１００ヤード程度しか飛びませんが
ドライバーで打てば２００〜３００ヤードは飛ばせます。

Answer

1 それは、高性能で特殊な道具を使うから

クラブには、見ただけではわからない3つの特性があります。

どれもゴルフクラブ特有のものなので、もしかしたら最初は戸惑うかもしれません。なにしろボールを力強く叩いて飛ばすというイメージから、かけ離れた動きをするのですから。

まっすぐ飛ばせない人は考え方を変えてみましょう。「クラブを道具として意のままに強く振る」のではなく「クラブの性能がいかんなく発揮されるよう上手に体を使う」というように。

3つの特性は、ボールを遠くへ飛ばすために考え尽くされた結果、クラブに備わったもの。うまく使いこなせば、まっすぐ遠くへ飛ばすための強力な武器になります。

クラブは〝命令どおりに動く下僕〟などではなく〝優れたパートナー〟なのです。

1 シャフトがしなる!

細長い棒(シャフト)の先端に重い、もしくは大きいヘッドがついているため、振るとしなる。スイング中にしなって勢いよく戻るので、このパワーが活きるタイミングで打つにはコツが必要。しなりは飛距離をアップさせる原動力となる。

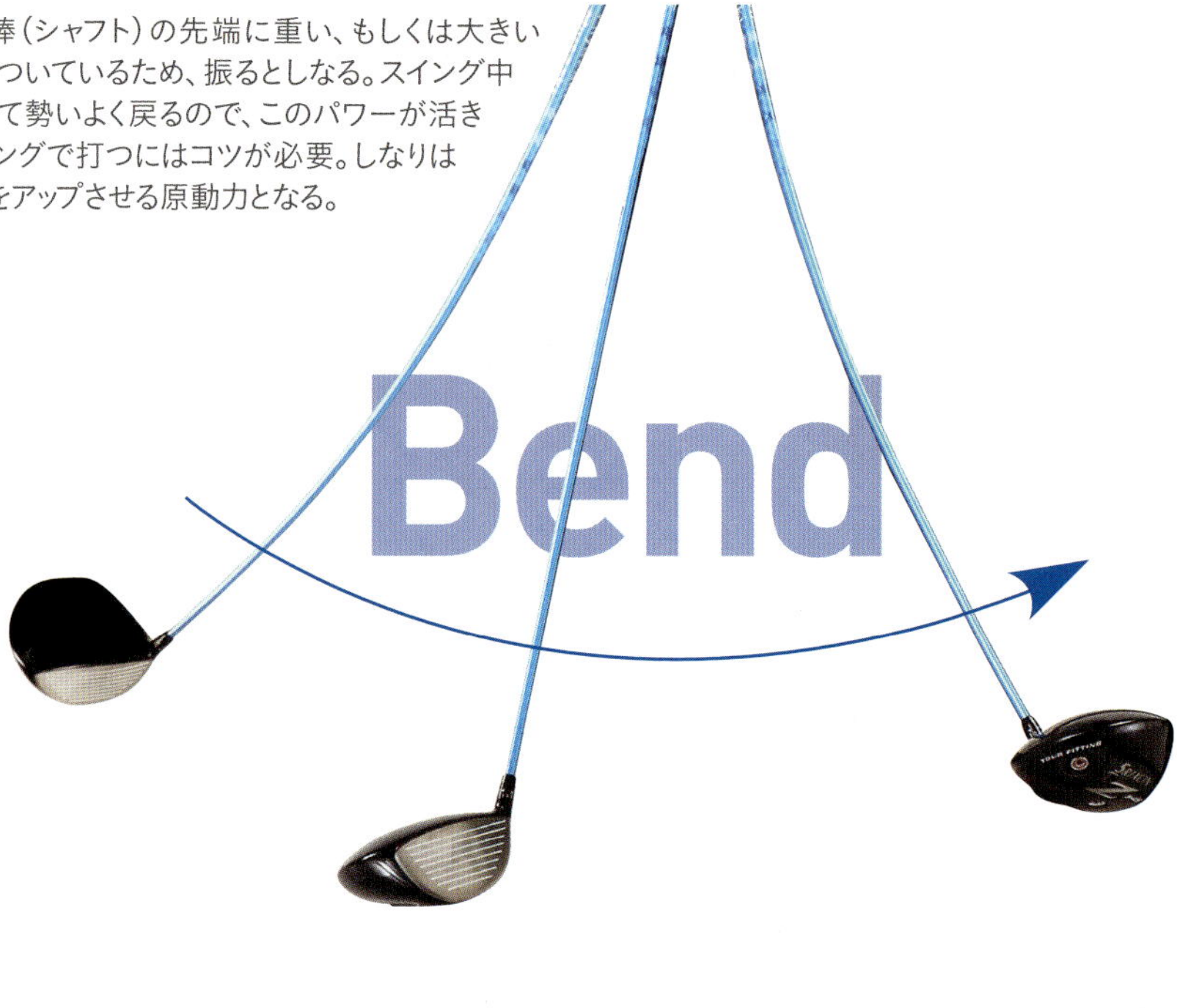

2 ヘッドが回る！

ボールを打つ面（フェース）は、スイングの最中に自然に少し回る。この回転力によって、遠くへ飛ばすためのパワーが加えられる。ただし“ボールに当たったときにフェースが正面を向いていないかぎり、まっすぐ飛ばない”というデメリットと引き替えに得られたものと覚えておこう。

3 金属ではじく！

フェースは薄い金属の板でできている。ボールに当たった瞬間、フェースがたわんでボールをはじく。この反発力が、ボールを遠くへ飛ばすパワーの一翼を担う。

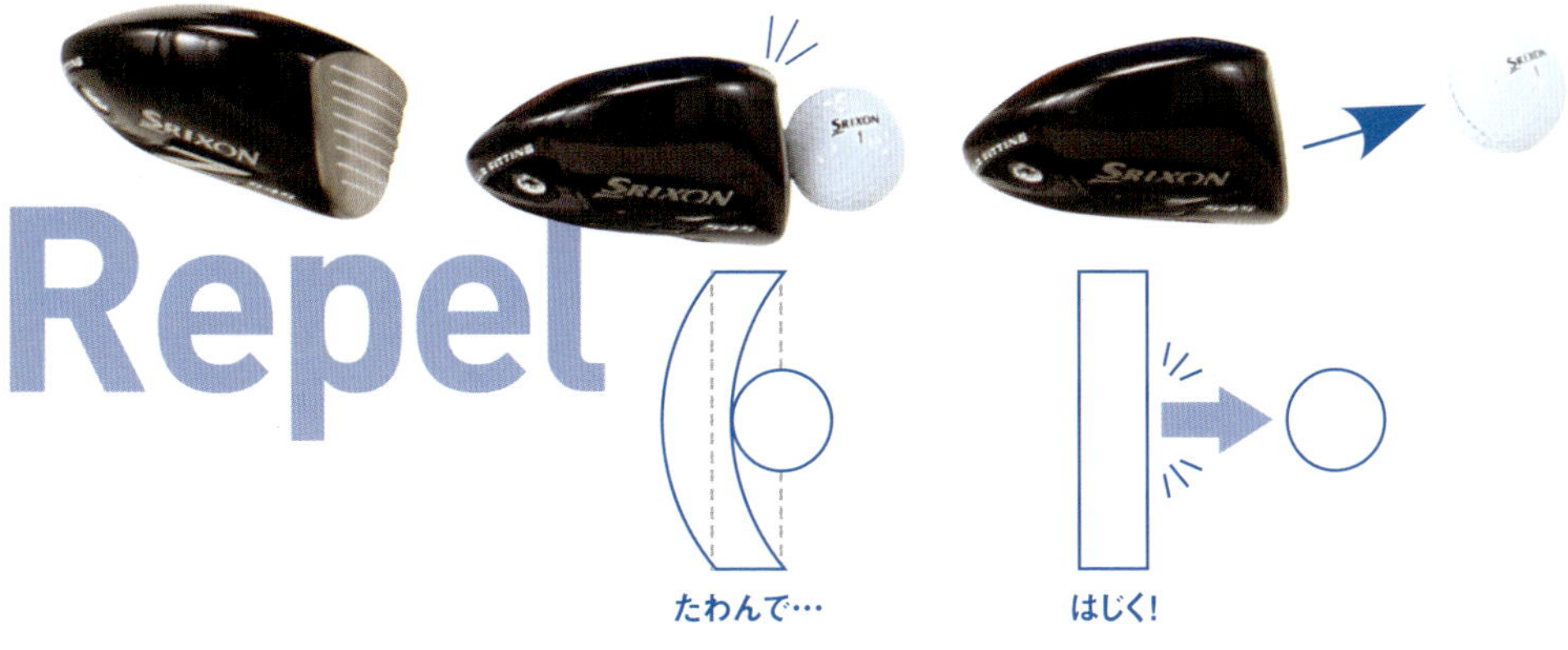

Answer

それは、打とうと〝意識する〟から

打球が思う方向に飛ばないのは、
「うまく打とう」「遠くに飛ばそう」としすぎているせいかもしれません。
もちろんスイングに慣れていない人は
ヘッドが安定して同じ位置を通るようになるのが先決ですが
それが「できた！」と思った瞬間から、なぜかミスが増えます。
「当てよう」「飛ばそう」と意識することで無意識に余計な動きが加わり
スイングが不自然になってしまうんですね。
これに気づかずミスショットを繰り返し、そのたびに
微調整を〝上塗り〟していくと、どんどん収拾がつかなくなります。
ボールを遠くに飛ばすのは腕力ではありません。
思いどおりの方向に打つのに、特殊な技術はいりません。
むしろクラブの性能を最大限活かすために
いかにムダな力や動作を加えず自然に振れるか。
これこそがラクに、まっすぐ飛ばす秘訣なんです。

Answer

それは、打とうと“意識する”から

2

1 空振り

ボールとの距離感がつかめていない。とくに初心者に多いのが「当てよう」「飛ばそう」と意識し力むことで、ボールとの位置関係を崩すケース。

姿勢を安定させたままクラブをスムーズに振れれば、自動的にシャフトがしなってヘッドが回る。こうして生じた強力なエネルギーを受けて、ボールはまっすぐ遠くへ飛びます。これを妨げる最大の要因が〝意識〟です。

ゴルフボールは小さいので、スイングが少しズレただけでも打球は影響を受けます。これが、すぐわかるほど大きいズレなら原因も把握しやすいのですが、気づかないうちに気づかない程度に、余計な力が入ったり不自然な動作が加わったりするから非常にやっかいなんです。

いつものスイングに「飛ばそう」「芯に当てよう」などという意識が差し挟まれると、スイングにわずかな不自然さが加わってミスショットに。ここで姿勢や振り方を変えると、ミスはさらに増えていきます。

2 ボールの手前を打つ、頭を打つ

体が無意識にボールに向かって動くことで、ボールとの位置関係が安定せず地面を叩く。すると今度は地面を叩くのが怖くなり、体が伸び上がったり手元でクラブを操作したりして、ボールの頭を打ってしまう。

3 右に曲がる左に飛ぶ

右に曲がるとしたら、たいていフェースが正面に戻る前に打っている。原因の8割は、確実にボールに当てようと、体が前に突っ込んだり手に力が入ったりしてスイングの軌道がズレるから。連続して右に曲がると方向を調整するために手首を返す。これが奇跡的にうまくいくと、今度は左に飛ぶようになってドツボにはまる。

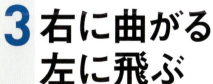

Answer

3

それは、多くの〝アドバイス〟に耳を傾けるから

ゴルフに関する情報は
世の中にあふれており、
多種多様のアドバイスがあります。
じつは、これが大きな落とし穴に。
こうした情報の多くは
自分はこれでうまくいったという実体験や
頭の中でつくりあげられたものが多く、
あなたの体やスイングに
合うとはかぎらないのです。
こうしたアドバイスは
安定してまっすぐ飛ばせるようになるまで
あまり聞きすぎないほうが無難。
それよりもクラブの発する声に
しっかりと耳をすませましょう。

1 プロ基準で

全盛期のタイガー・ウッズ選手や松山英樹選手など、世界のトッププレイヤーのスイングを引き合いに出して指摘されても、体も経験も技術もすべてが違いすぎる……。

Professional Standard

Personal Experience

2 実体験から

アドバイスする人自身が、たまたまうまくいった経験を語っている場合も。あるいは、その人が初心者だったころのクラブに合った技術を伝授される。人も時代も違うのに……。

Answer

それは、
多くの
“アドバイス”に
耳を傾けるから

3

「タメをつくる」「手首を返す」など、スイングで大切と言われるポイントを挙げるとキリがありません。

でもこれらのアドバイスが有効だったのは、ひと昔前の話。**昔はボールがやわらかく、ヘッドは硬くて小さかったため、クラブでボールを叩き潰すよ**

3 昔の常識で

Old Common Knowledge

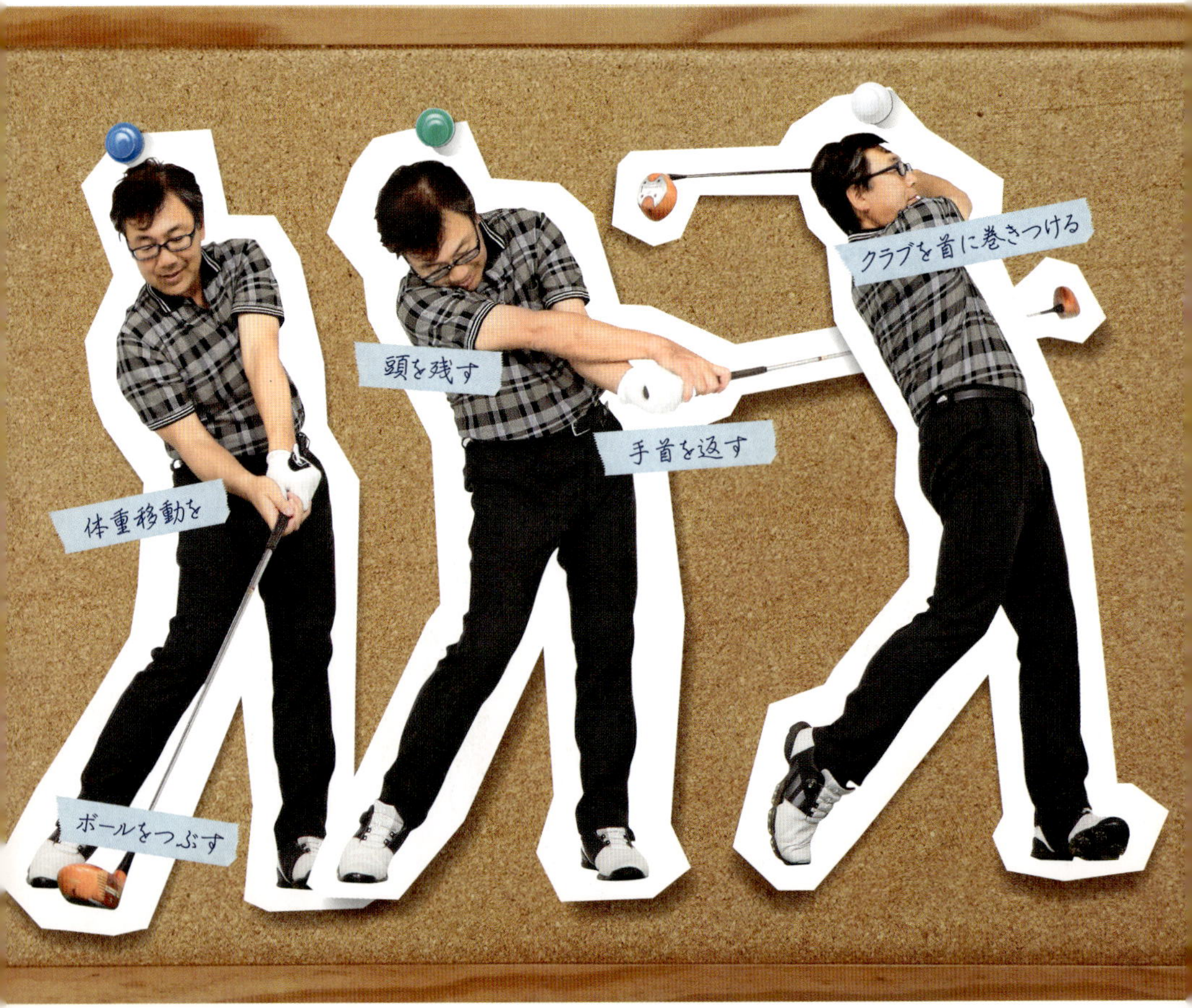

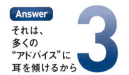

うにし、手首のひねりを利かせなければ遠くへ飛ばせなかったのです。

そのため3か月は7番アイアンで練習しないとマトモにラウンドできないと言われるほど、繊細なテクニックと忍耐力が求められました。

でも今は違います。**最近のクラブは、人が習得しなければならなかった飛ばすためのさまざまな動きを、自動でするように進化しています。**

つまり、まっすぐ飛ばすにはクラブに合ったスイングが必要ということ。下に挙げたアドバイスがすべて間違っているわけではありませんが、スイングが固まっていない段階で取り入れると、たいていクラブの動きが不自然になっていきます。すると、せっかくの優れた機能を充分に発揮できなくなりやすいのです。

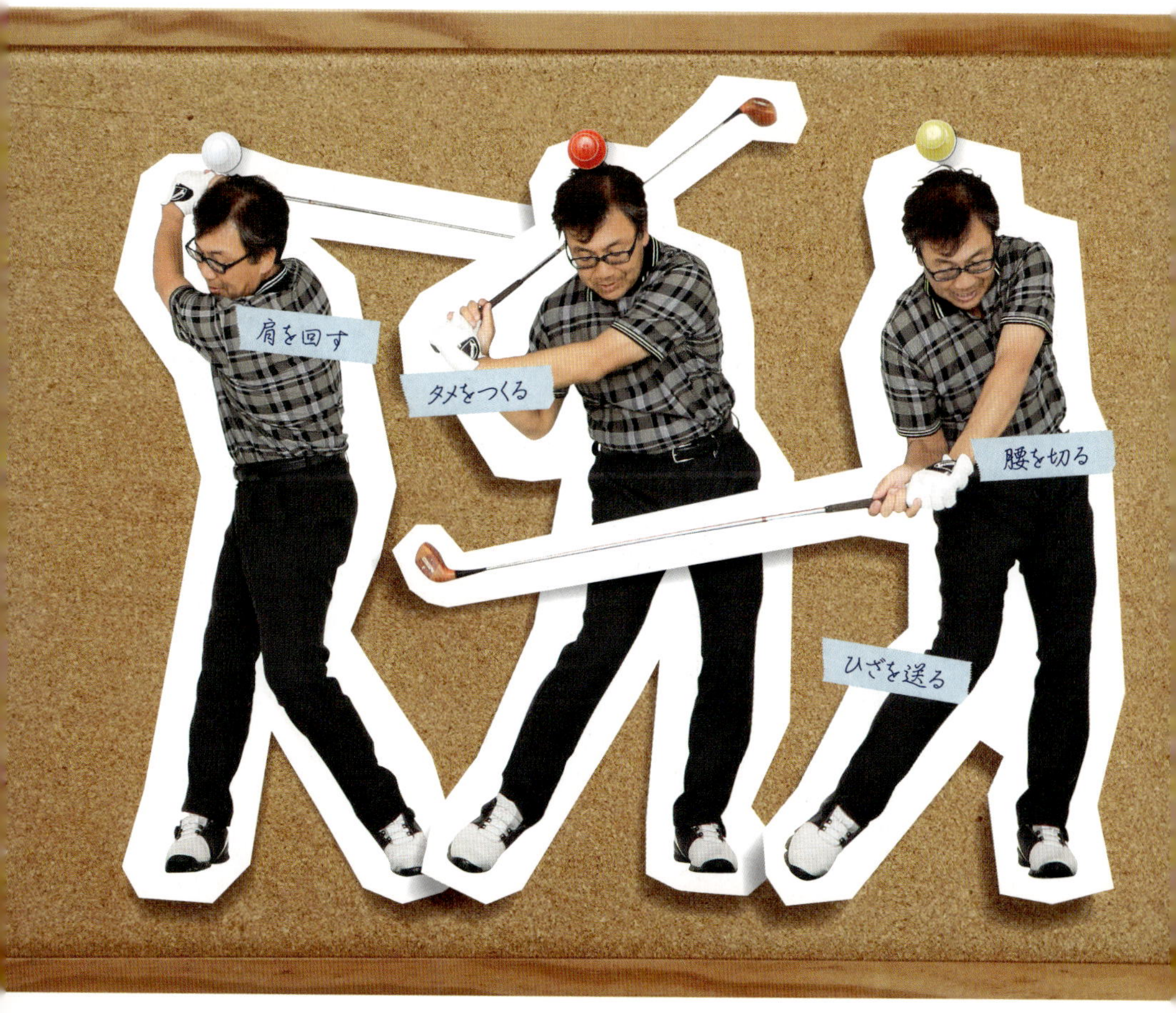

atic!

Answer 3
それは、
多くの
“アドバイス”に
耳を傾けるから

クラブの
性能を活かせば、
まっすぐ
飛ばせるようになる!

If you capitalize the club performance,
your shot fly straight dramatically!

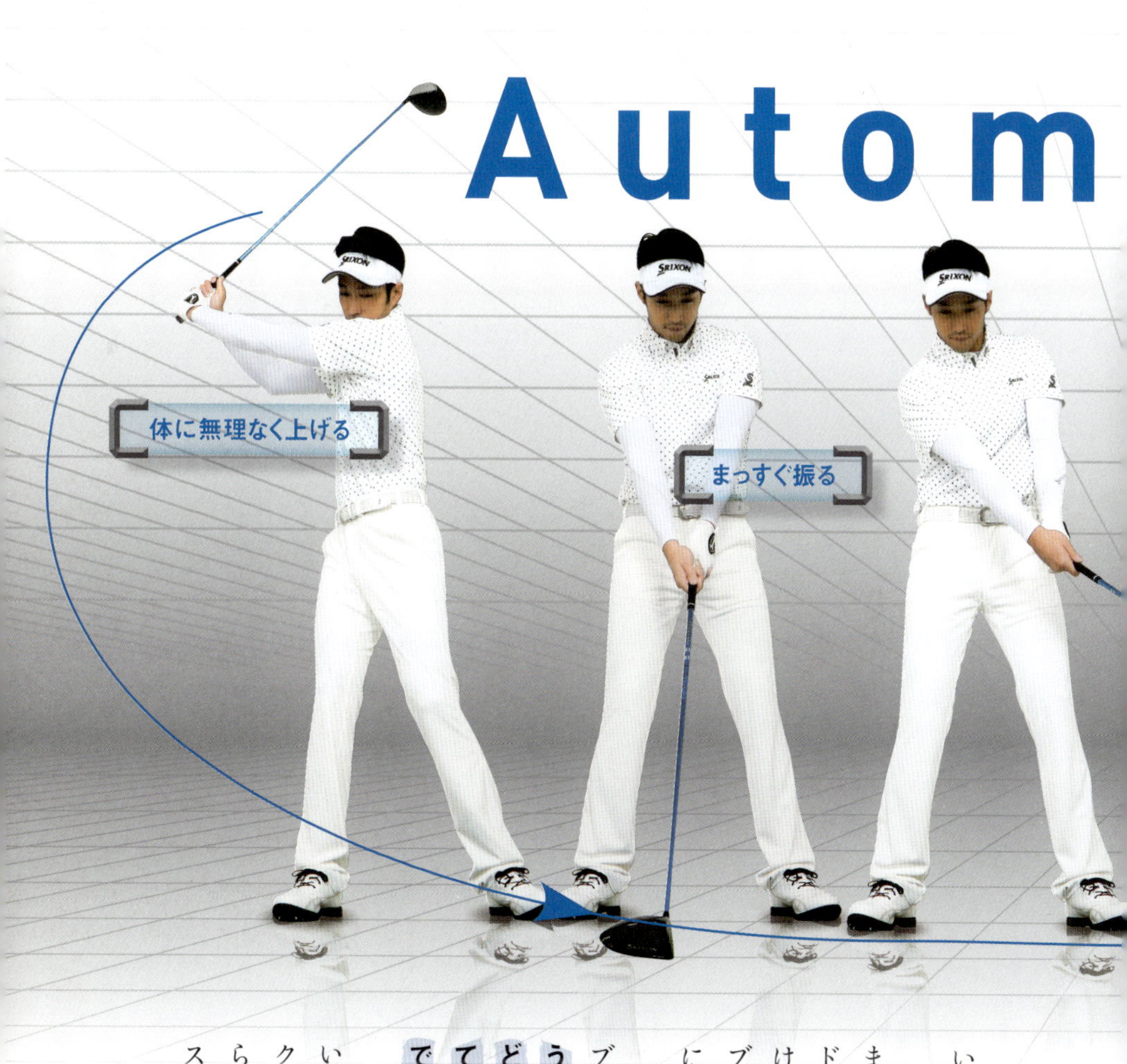

　ゴルフの道具は、飛躍的と言ってもいいほどの進化を遂げました。
　やわらかくてよくしなるクラブをうまく振り、その先端についた大きいヘッドが硬いボールをしっかりとらえるだけで、ドーンと飛んでいきます。クラブが持つ性能さえ引き出せれば、すぐにでもラウンドできるほどです。
　だからこそ大切にしたいのが、クラブの動きを感じること。**性能を殺すようなスイングをしたときは必ず、体のどこかに力みがあったり、負荷がかかっていたりします。逆に自然にスイングできれば、あまり力はいりません。**
　くどいようですが、あなたが手にしているクラブは道具ではなくパートナー。クラブの軌道と振ったときの感覚を照らし合わせるうちに、いつの間にかミスショットは激減するでしょう。

本書を手にした方の多くは、これからゴルフを始めたい、すでに始めているが打ってもまっすぐ飛ばない、スコアが安定しない、など、ゴルフ場で楽しむ前の段階で足踏みされているのではないでしょうか。

これは本当に、もったいないことだと思います。

海外に目を向けると、初心者や初級レベルのゴルファーを取り巻く環境がずいぶん違います。彼らの多くは練習場には通わず、はじめからゴルフ場に行って楽しんでいます。

いきなりグリーンに行ってカップインの澄んだ音を何度も楽しんだり、自分たちで決めたオリジナルルールで遊んだりして、スコアなんて二の次。最低限のマナーは守りつつ、見渡すかぎり広がる美しい景色を存分に味わいます。すると個人差はあるものの、多くの人が楽しく〝安定してまっすぐ飛ばす〟という初級者のレベルをクリアしていくのです。

日本では、そこに到達するのに2年以上かかるというデータがあります。練習場に通い、たまにコースに出ることを繰り返して、やっと100という中級者レベルのスコアが見えてくる程度。その陰には、狭い打席の練習場でうまく打てないことに嫌気がさす、コースでは打球を追って走り回るだけで楽しくない、などの理由から大勢の脱落者が……。「中級者と呼べるレベルに達するのは2割」とも言われているため、ゴルフのゲーム性まで楽しめる人は、わずかなのが現状です。

でも、ご安心ください。

本書は、楽しみながら3か月で100というスコアが見えてくるようにしています。集中して毎日取り組めば、1か月でまっすぐ飛ばし続けるスイングを身につけることだって可能です。その過程で上達に不可欠な、ある2つの重要な力が、いつの間にか身についていきます。飛距離だって、子どものころに遊んでいたときの感覚を活かせば簡単に伸ばせますよ。

初心者はもちろん、やり直しの人やスランプに悩む人にも役立つ内容がたっぷり詰まったこの一冊で、最速の上達を、ぜひ楽しんでください。

Please enjoy your
progress in the
fastest way.

この本は、
短期間で
いちばんラクに
まっすぐ飛ばせる
ようになる本です

まっすぐ飛ばすために必要なことは、突き詰めると2つ。
本書は、それを身につける実践的なコツを、
だれでもすぐに始められるやり方で紹介しています。
5分あればできることを、段階を追って身につけていき
練習場やゴルフ場にいく前におさらいするだけで、
いきなり打球が飛躍的に安定するんです。

きちんと実践できれば、
すべての方が〝確実〟に〝最短距離〟で上達できることをお約束します。
美しい自然に囲まれたゴルフ場で
気持ちよくプレーできるレベルに、一日も早くたどり着きましょう！

ntents

目次

Introduction

chapter 1

パターで「まっすぐ」の絶対感覚を身につける
―楽しみながら、まっすぐのしくみがわかる―

Co

Contents
目次

chapter
4
いつでも、どこでもまっすぐ飛ばすために
―得意なクラブをひとつずつ増やす―

Contents 目次

本書の左右表記は、
右利き用のクラブを使うことを
前提に書かれています

スコアを上げるために

Appendix これだけは知っておきたいゴルフのルール&マナー

装丁
井上新八

カバー写真
Summit Windmill Golf Club

本文撮影
金田邦男

本文デザイン
野口佳大
（梅田敏典デザイン事務所）

執筆協力
澤田 憲

校正
株式会社鷗来堂

モデル
岡本竜太

撮影協力
ダンロップスポーツ株式会社

写真協力
株式会社エーアンドエー
鳴沢ゴルフ倶楽部

編集
小元慎吾
（サンマーク出版）

パターで「まっすぐ」の絶対感覚を身につける

— 楽しみながら、まっすぐのしくみがわかる —

chapter

1

はじめから7番アイアンで打っていいの？

7 IRON for Begin-ners?

最短上達に必要なのはパターで「遊ぶ」ことだった

まっすぐ飛ばすための〝絶対感覚〟とは

「初心者は、まず7番アイアンで打つべき」

こう教わったことはありませんか。

たしかに「7番アイアンから練習するのがセオリー」と、昔から多くの人に言われてきました。理由は簡単。長さがすべてのクラブのちょうど中間くらいだからです。7番アイアンでうまく打てれば、少し長い、あるいは短いクラブに持ち替えても違和感なく打てます。

これは間違っていません。

でも、本書を手にした人の多くは7番アイアンから始めても、打球が右や左に曲がるにとどまらず、空振りしたりダフったりした経験すらあるはず。しかも、原因や自分に最適な対処法がわからない……。

ご安心ください。こうした現象は、だれもが最初は必ず経験するものです。

でも、こんな嫌な思いをできるだけ遠ざけて、もっと効率的に最短で上達できる方法があります。

それが、自分だけの〝絶対感覚〟を身につけること。

ナイスショットがたまにしか出ないとしたら、それはあなたにゴルフ特有の感覚が身についていないからなのです。

パターで「まっすぐ」の感覚を身につけよう

ゴルフ特有の感覚とは、あなたのミスショットを減らす防具のようなもの。ひとつ身につけるごとに方向が安定します。その集合体である絶対感覚を養うことで、ボールをまっすぐ飛ばせる確率は飛躍的に高まります。

では何から身につければいいのか。その答えは、パターにあります。

パターがアイアンと決定的に違う点は、スイングのスピードがゆっくりで振り幅も狭いこと。つまりヘッドの向きや軌道、ボールの位置、クラブの振り幅などをすべて目で確認しながら練習でき、それを再現する感覚を養えるのです。

またパターなら、遠くへ飛ばす必要もありません。これはとても大切なことで、最初から〝打ち気〟があると「飛ばしてやろう」という気持ちから生じる力みが抜けず、スイングの軌道がズレがちなんです。

最初は、飛ばさない、狙わない。大切なのは、クラブを「まっすぐ」振ること。これこそが、最短上達の第一歩です。

最短上達の道のり

❶ゴルフ特有の動きに慣れる

まずは腕を使って、ボールを運ぶ体の動かし方やタッチ※を身につけよう。自分のイメージとボールの動きが一致すると、方向は安定する。

▶P36

※アプローチなどで、ボールをカップに寄せるときの微妙な感覚のこと

progress

❷ Putter ゾーンを必ず通す

パターを使ってクラブをまっすぐ振る感覚を養う。「まっすぐゾーン」を正確に通せれば、あとはその振り幅を広げていくだけでいい。

▶P42

❸ Iron (quarter swing) クラブのしくみを知る

クラブ独特の動きを感じつつ、正しいインパクトの感触を知る。はじめは両足のあいだぐらいの振り幅で。もちろん、ここでも「まっすぐゾーン」を通すことを忘れない。

▶P68

**まっすぐ飛ばすために必要なステップをまとめたのがコレ。
ひとつ身につけるたびに、どんどんスイングがスムーズになる。
最短上達を目指そう!**

Good Swing

スイングは、すべてが一連の動作。トップ、ダウンスイングなどのかたちばかり考えるのではなく、流れとリズムを大切にする。最終的には、クラブを上げる、振り抜くだけでOK!

▶P126

❺ Iron (full swing)
クラブの動きを感じる

体幹を使って、さらにクラブを上げる。打つときもボールに当てにいこうとせず、クラブの重さをうまく利用して「まっすぐゾーン」を通過させる。

▶P110

❹ Iron (half swing)
スイングに慣れる

腰の高さまでクラブを上げて下ろす。決して力まず、ヘッドの重みを利用して振り子のようにスイングする。ボールを意識しすぎないように。

▶P70

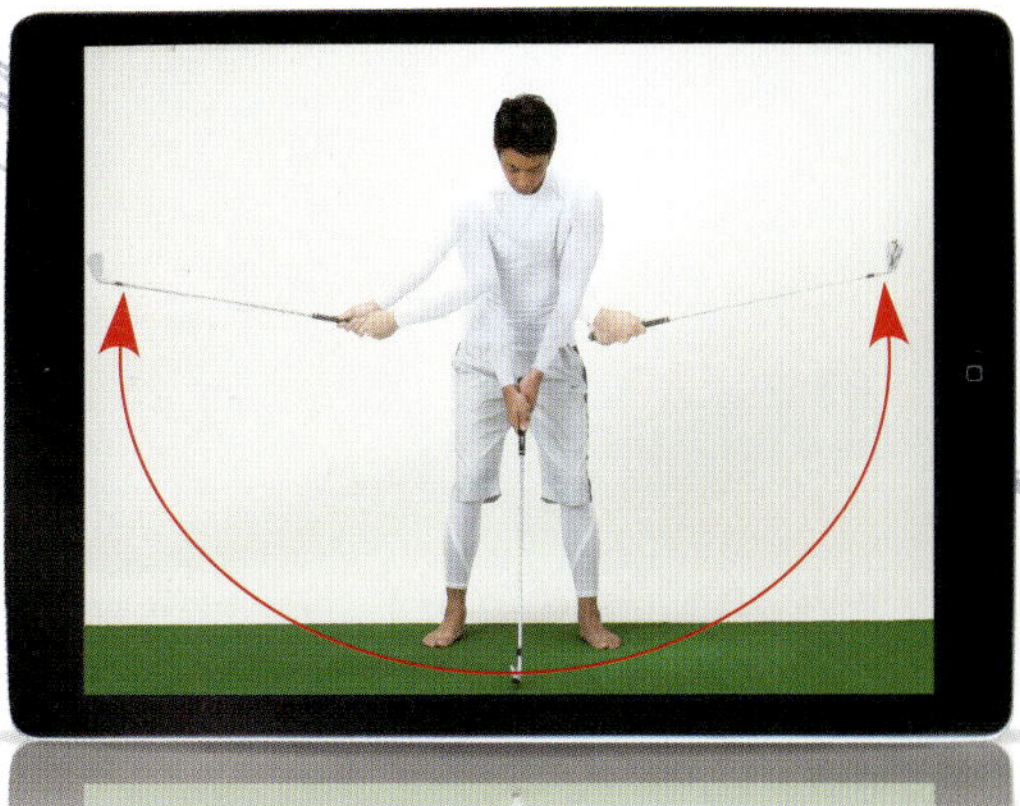

The shortest way for the

ここで登場するクラブ

Putter
パター

グリップは形状も太さもさまざま

グリップのかたちは、角ばったものも丸いものもある。太さも極細から極太まで多種多様。太めのほうが手首や指先に入る余計な力を抑えてくれるため、動作が安定しやすい。初心者は太めのものを選ぼう。

短いので振りやすい

パターのシャフトは、一般にクラブの中で最も短いためボールまでの距離感をつかみやすい。また、アドレス時に顔の真下あたりにボールがくることから、ヘッドの軌道を確認しやすい。

ロフトがあまりない

最大の特徴は、ロフト（傾斜角度）があまりついていないこと。そのためボールは上がりにくい。一方で、フェース（ボールを打つ面）がまっすぐに見えるため、スライスやダフりなどの打ち損じも少ない。

「まっすぐ」の感覚を養う最高のパートナー

最初にパターを使うメリットは、ヘッドが重く振り幅が狭いため力で操作するクセがつきにくい点にあります。

まっすぐ打ち続けられない人に多いのが、まっすぐ打とうと意識しすぎて腕や手首の力に頼ってしまうケース。どちらも自由度の高い関節なので、力が入ると振るたびに軌道が変わりやすくなり、安定してまっすぐ打てません。

毎回まっすぐ打つには、余計な力は加えずクラブに仕事をさせること。〝力を込めて振る〟のではなく、クラブの重さを感じながら〝後ろに引いて離す〟ほうが、精度は高まります。

初心者は大型ヘッドがおすすめ

ピンタイプはフェースが面長で、比較的操作性がよいのが特徴。対してマレットタイプのように大きいものは、重さがあるため軌道がブレにくい。しかも重心の範囲が広いため、まっすぐ転がしやすいなどの利点もある。ほかにL字、ネオマレットなど、さまざまなタイプがある。

わずか5分で方向が安定する
1

成功体験は上達を加速させる

まずはゴルフボールを使った、自宅でできるゲームをしてみましょう。

やることはシンプルです。手に載せたボールをターゲットに向けて落とすだけ。**やってみるとわかりますが、最初はまず当たりません。**なぜか右へ左へそれ、連続して当てるのは難しいでしょう。

原因は、あなたが手や腕の力で〝投げている〟から。カップを意識するあまり、無意識に腕や指に力が入ってボールに余計な力が加わっているんですね。力を抜いて腕をゆらしたほうが、断然うまくいくんです。

これはクラブを手にしたときも一緒。腕や手首に必要以上の力を込めないよ

Let's try it やってみよう

体を少し前後させてボールを運ぶ

最初はカップに正対してボールを転がしてみよう。ひじと手首は曲げず、肩を支点に振り子のように腕を前後にゆらす。投げるのではなく、ボールの重みを感じつつ落とす感覚で。

目標 10回連続でターゲットオン

ターゲットはペットボトルでもOK

最初は水を満タンに、うまくいったら減らしていく。倒さない力加減をつかめれば、カップがなくてもゴルフ特有の感覚を養える。

うにできれば、方向は安定します。

それと、横向きでおこなう動作に慣れることも必要です。

サッカーでもバスケットボールでも、**歩くときだって基本はターゲットに体の正面を向けますが、ゴルフの場合は真横。もう、いきなり非日常的な動作を要求されるのです。**

でも、やるべきことは同じ。体を少しゆらした結果、肩を支点に腕が左右に振られ、いいタイミングでボールを離すだけです。

慣れてくると距離感や方向感が、いつの間にか身についてきます。ここで「できた！」という感覚をたくさん経験することが重要。楽しいからこそ、やる気になるし集中力も増します。こうした小さな成功体験の積み重ねが、最速上達へと導いてくれるんです。

横向きに慣れる

正対でボールが当たるようになったら、次は横向きで同じことをやる。姿勢を低くし、顔が真下を向くようにして体をゆらす。体の真下あたりでボールを離すとうまくいく。

カップに顔を向けると、体が開いて肩が動き、ブレやすい。最初は下を向いたままボールを離し、転がった軌道で確認しよう。

わずか5分で
方向が安定する

2

遊び感覚でクラブとボールの性格を把握する

横向きにボールを転がす感覚がつかめたら、次はクラブを持ってみましょう。クラブを握るとなんだか力がみなぎってきて、ドカーンと遠くまで飛ばせそうな気がしてきませんか？

でも、ちょっと待ってください。思いきり打ちたい気持ちはわかりますが、力任せにクラブを振ってもボールは思うようには飛んでくれません。

クラブは、ただの道具ではなくパートナーです。自分勝手に振り回すのは、二人三脚でひとりだけダッシュするようなもの。優秀な相棒を無視しては、上達のスピードも遅くなるだけでなく、まっすぐ飛ばすというゴールにたどり着けなくなってしまいます。

仕事でもスポーツでも、仲間と充分にコミュニケーションを取らなければうまくいきません。同じように、ゴルフでもクラブやボールの性能を知り、その知識を充分に活用できなければ上達は難しいでしょう。

見方を変えれば、あなたはひとりでプレーしているわけではなく、かたわらには、つねに心強い味方がいるのです。クラブやボールの性格を知るべく、まずは〝会話の仕方〟を覚えましょう。

1 利き腕とクラブが一体化するイメージを持つ

利き腕でクラブを持ち、ヘッドでボールを左右に転がしてみよう。ヘッドの先までが腕の延長のような感覚でクラブを動かすのがコツだ。

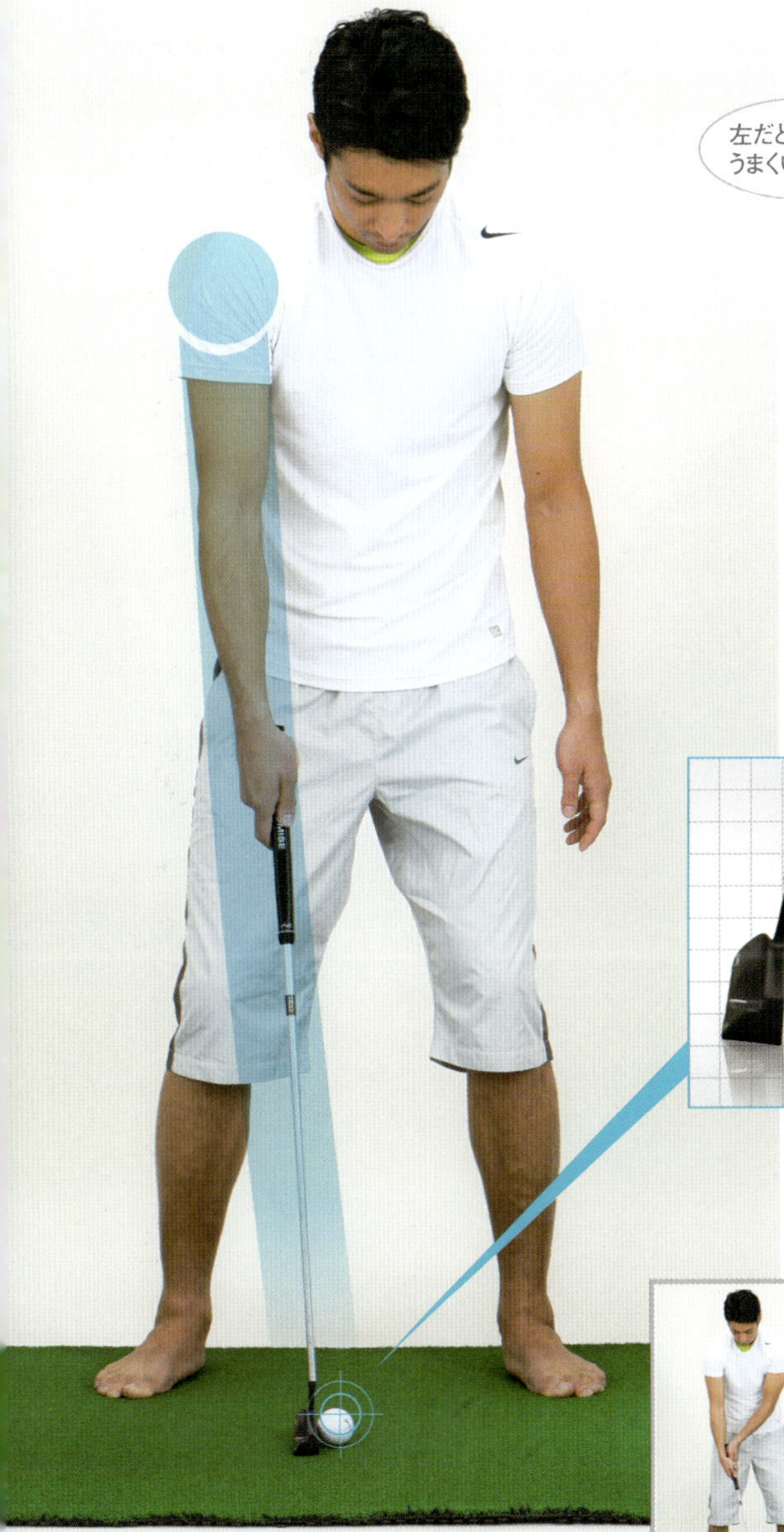

2 もう一方の腕も同様におこなう

慣れてきたら、今度は反対の腕で同じことをやる。利き腕よりも難しいが、手首でクラブを動かさないように注意。肩からヘッドまでが1本のムチになったようなイメージで動かしてみよう。

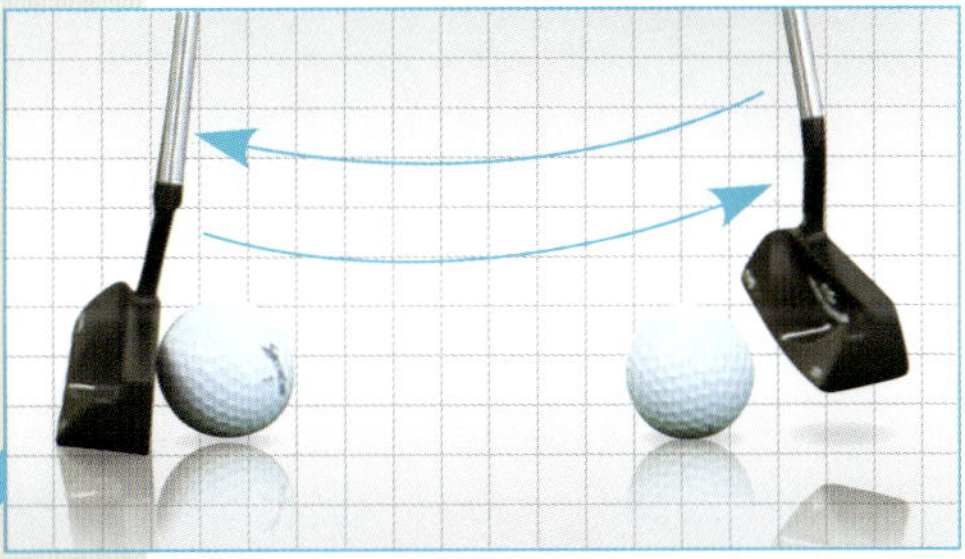

フェース面でボールを押し出したら、今度は裏面で押し返す。これを一定の速度、間隔でできるまで、繰り返そう。

NG

腕の力でコントロールしたり体ばかり大きく動いたりすると、フェースにボールが弾かれてくっつかない。体をやさしく小さく動かそう。

片腕での操作に慣れたら、次はクラブを両手で持って同じことをやってみましょう。

意識すべきことも同じで、ボールを打ったり弾いたりするのではなく〝押す〟感覚で左右に転がし続けます。

両手のほうが簡単そうに思えますが、じつは逆。単純に力が2倍になるため、どうしてもボールを強く弾いてしまいがちです。最初は「ちょっと弱すぎるかな？」と思うくらいの力加減で、ゆっくり動かしたほうが、うまくいきますよ。

両手で持っていても、無意識に利き腕の力でコントロールしがちです。だ

神経を通わせる

ヘッドにボールをくっつけ続ける

構えたときに、ぶらーんと両腕の力を抜いて、クラブの先端まで血液を流し込むようイメージしてみよう。両腕とクラブを一体化させることが、まっすぐ飛ばす基本。

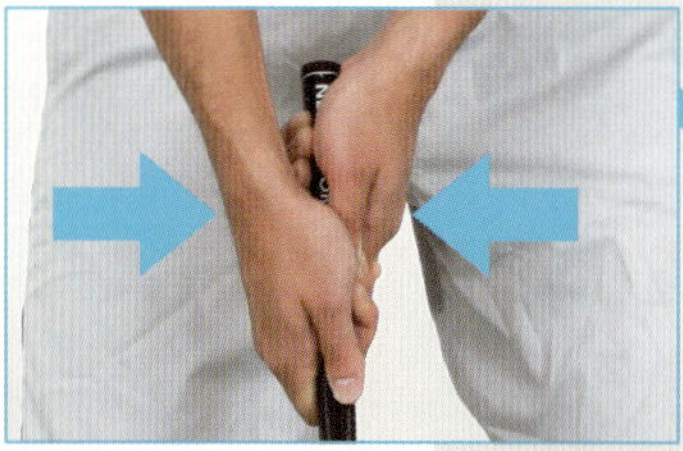

意識するのは左右同じ圧で“はさむ”ことだけ

力強く握りしめると、ボールがヘッドに当たったときの繊細な感覚がわかりにくい。持ち方は気にせず、両手でやさしくはさむだけでいい。

NG

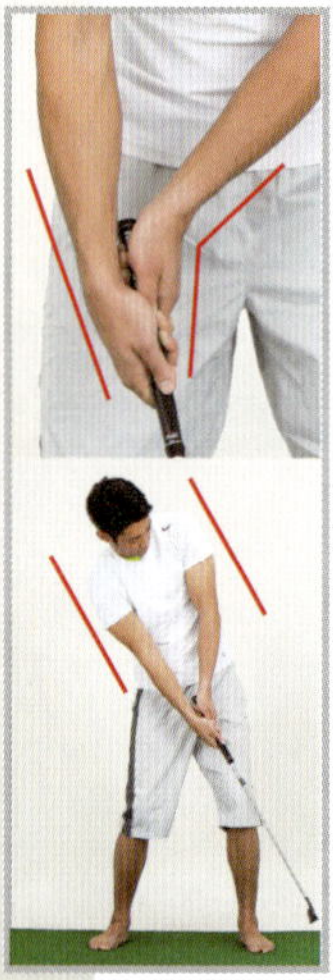

手首を返すなど小手先の動きや、腰を曲げるなどして大振りにならないように。スイングの支点はあくまで肩に置く。

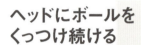

からといって「利き腕じゃないほうの腕に力を入れて……」なんて考える必要はありません。

意識すべきは左右、同じ力加減でクラブを〝はさむ〟ことだけ。ここではまだ、握り方までは考えなくても大丈夫です。クラブが落ちない程度に手のひらでグリップをはさむだけでいいでしょう。

大切なのは、クラブの重さや形状を感じること。あくまで意識の中心にはクラブを置き、ヘッドの動きや重みを感じられるよう集中しましょう。

慣れてくると、転がしたボールがまるで磁石に吸い寄せられるかのようにヘッドに吸いつく感じがわかるはずです。左右の手でキャッチボールをするように、ボールを転がせるようになりますよ。

絶対感覚の習得度
50%

クラブの先まで

Let's try it　やってみよう

パタードリブル

クラブの重さや動き方をつかみ、まっすぐコントロールすることに慣れるのが先決。パターを使ってドリブルすると、その感覚がよくわかる。はじめは利き腕で、ボールを左右に転がしてみよう。コツは、ボールを打つのではなく"押す"感覚で転がすこと。何度か繰り返すうちに、フェースに吸いつくような感覚がわかるはずだ。慣れてきたら、両手でトライしてみよう。最初は苦戦するが、安定してできるようになれば、今後のスイングに大いに役立つ。

目標　できるだけヘッドにボールがくっついたまま、まっすぐ左右に5往復。最後にまっすぐ押し出す

わずか5分で方向が安定する

3

ミスの原因を7割減らす「まっすぐゾーン」とは

次はパターを持って、実際にボールを打ってみましょう。

ここではボールを打つこと、カップに入れることは二の次です。目標は「まっすぐ」振るだけ。成功するたびに、まっすぐ打てる確率が上がると考えていいですよ。

当たり前ですが、**ボールをまっすぐ転がすには、目標に対しフェース面を直角に〝設定〟してスイングする必要があります。でも、これがなかなかできません。**とくに初心者はゴルフの非日常的な動きに慣れていないため、スイングが安定しないのです。

だから、まずはまっすぐ飛ばすため

1 カップの位置を確認

カップと直線上になるようにボールを配置する。その際、クラブを地面に立てて測るとわかりやすい。

のガイドをつくりましょう。それが「まっすぐゾーン」です。**「まっすぐゾーン」は、いわばレールのようなもの。ここを正確に通りさえすれば、ボールは自然とまっすぐ転がっていきます。**繰り返すうちに、いつの間にかまっすぐ転がる精度は格段に上がっていきますよ。

2 「まっすぐゾーン」をイメージする

ヘッドが直線の軌道を描くように、左右に繰り返し振ってみる。カップやボールを見すぎるとクラブの動きが不安定になり、ボールがまっすぐ転がらなくなる。最初から狙いすぎず、ゾーンをまっすぐ通すことに集中する。

3 「まっすぐゾーン」を上から見たイメージ。ターゲットに向かって、だいたいまっすぐ移動しているのがわかる。ゾーンの長さは、ちょうど肩幅くらい。この範囲では、つねにヘッドが同じ軌道を描くようにする。

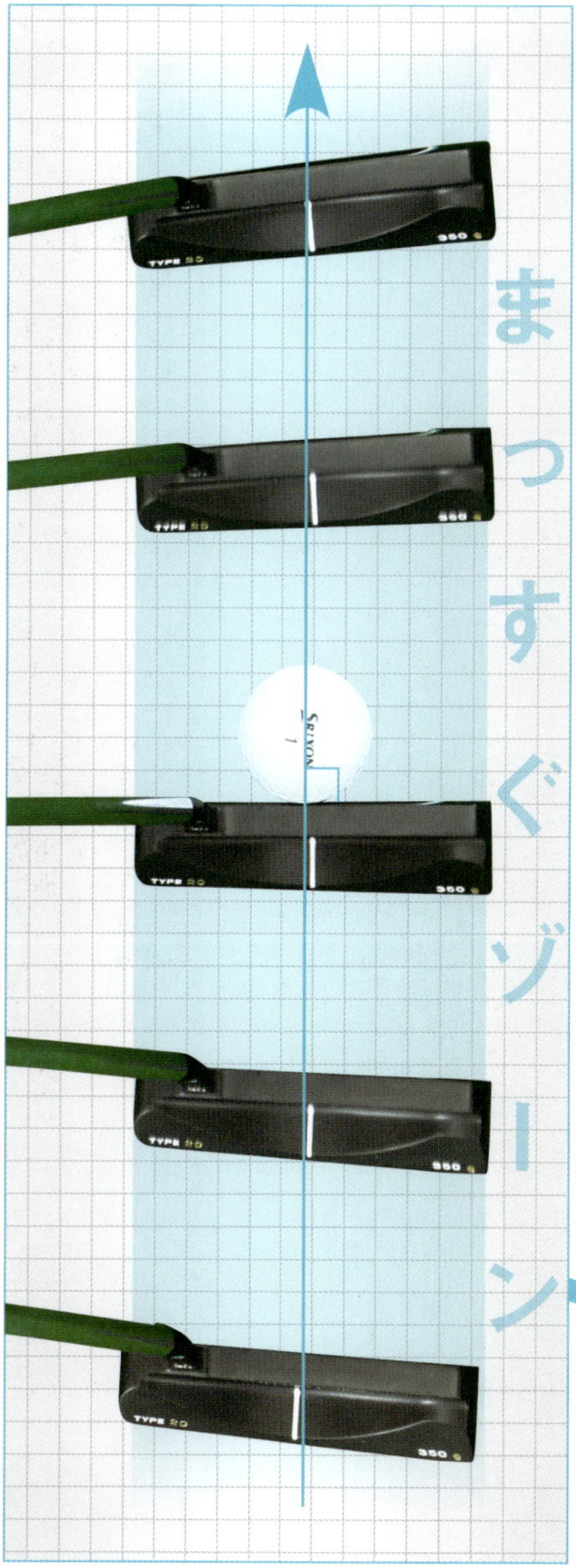

わずか5分で方向が安定する

3

「まっすぐゾーン」を体得するうえでポイントになるのが、ヘッドが〝通る〟という感覚。ボールに当てるという〝点〟ではなく、ゾーンを通過するという〝線〟の視点でとらえるのです。**ヘッドがこのゾーンをまっすぐ通過する途中に〝たまたま〟ボールがあったという感覚で打てるようになれば、ミスショットを大幅に減らせる防具となります。**ゾーンに集中することで、打ち終える前にターゲットを見て姿勢がブレることもなくなり、初心者がまっすぐ飛ばない原因の7割をカットできるのです。しかもボールが力強く飛ぶようになるというメリットも。

Let's try it やってみよう

2本のひものあいだを通す

ゾーンの感覚がつかみにくいときは、地面に2本のひもを平行に並べて基準線をつくってみよう。ひものあいだの幅は、ヘッド1個半くらい。そこからヘッドが出ないように繰り返しスイングできればOK。

目標

10回連続、ひもに触れずに左右の足の幅でスイング

どのクラブでも「まっすぐゾーン」の基準は変わりません。**たとえラウンド中にミスをしてスイングが崩れたとしても、このゾーンにさえ立ち戻れば、いつでもリカバリーできるのです。**

「まっすぐゾーン」から意識をきらないことに慣れる

「まっすぐゾーン」を横から見たときのイメージ。インパクトのとき、ボールが飛ぶ方向に対してフェースが直角になっているのがわかる。このゾーンはまっすぐ飛ばすためのガイドなので、一度身につければアイアンでもドライバーでもまっすぐ飛ばせるようになる。

わずか5分で方向が安定する

4

クラブの〝芯〟に当たる気持ちよさを知る

さて、ここまでゴルフ特有の感覚に意識を集中してきて、どんな感想を抱いたでしょうか。「まっすぐゾーンの大切さはわかった。クラブとボールの性格も知った。でも……、やっぱりスカッと思いきりボールを飛ばしたい！」なんて、思われたかもしれませんね。

その気持ち、とってもよくわかります。やはりゴルフでいちばん痛快なのは、ボールにジャストミートした瞬間。「当たった！」という感触が、ゴルフを続けるモチベーションにつながるのもたしかです。

じつはその気持ちいい感じ、フルスイングしなくても味わえるんですよ。ヘッドがボールに当たったときの、スコンと抜ける感じ。このときあなたは、クラブの〝芯〟でボールをとらえています。

たとえばハンマーで釘を打つことを想像してください。角で打つとうまく入りませんが、中心でとらえれば力を入れずともまっすぐ釘が入っていきますよね。クラブの芯でボールを打つのも、これと同じなんです。

ボールを芯でとらえられれば、クラブの持つ性能を最大限に活かせます。だから力のない子どもだって簡単に飛ばせるんです。

芯とは…

芯とは、クラブの重心のこと。"重さの中心"なので、最も強くボールをはね返してくれ、スイートスポットとも呼ばれる。位置を知るには、フェースを上に向けてボールを当ててみるといい。よく跳ねるのが芯。

SIDE

スイートスポットは、ヘッド内部の重心点から伸ばした垂線がフェースと交わる位置にある。またスポットをはずしても、ある程度打球がまっすぐ飛ぶ範囲をスイートエリアと呼ぶ。

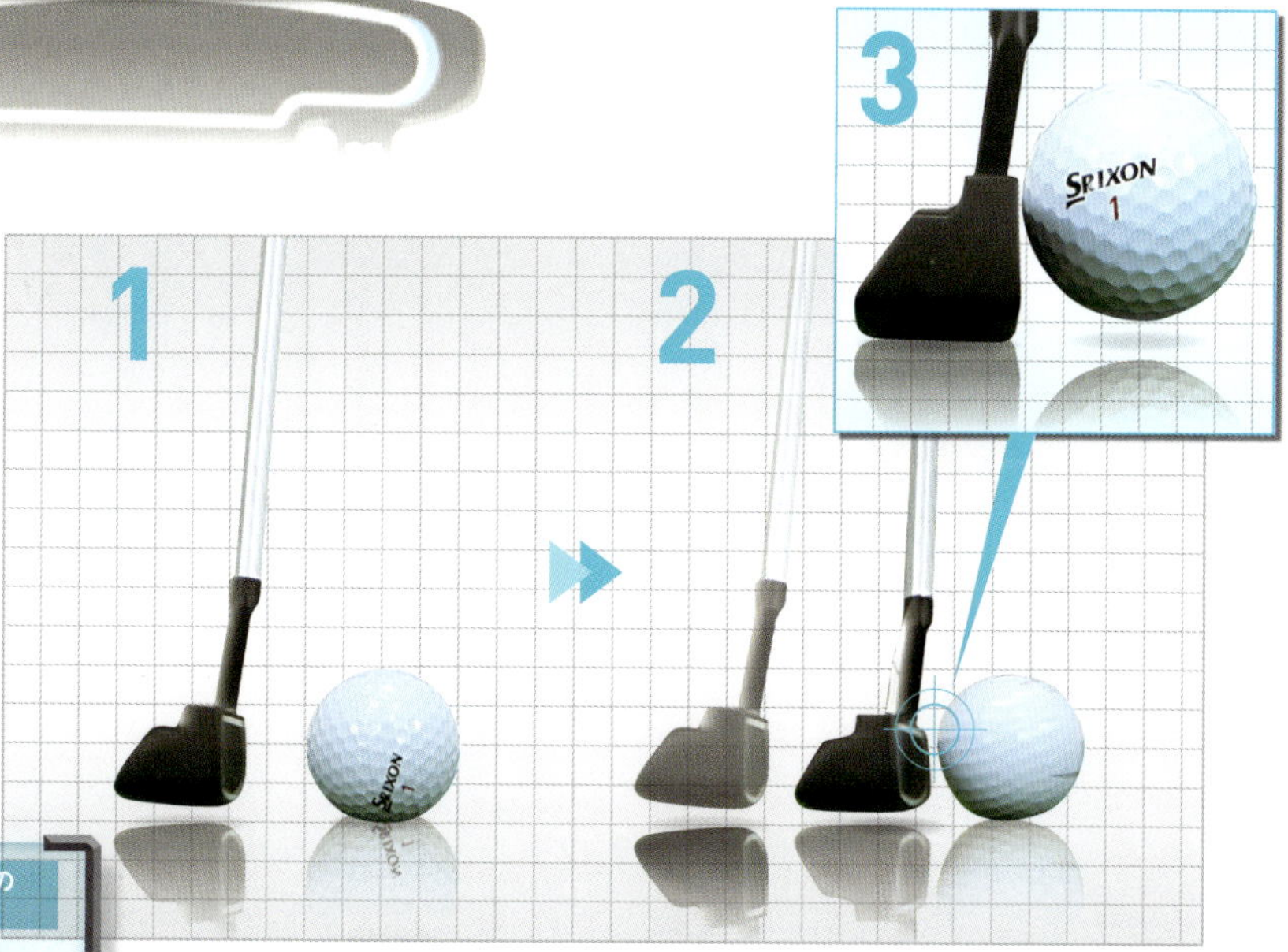

うまく芯に当たらないと、当たった衝撃に負けてフェースが開きやすく、まっすぐ転がらず手に違和感が残る。

うまく芯でとらえると、ボールが少し浮き上がりバックスピンがかかる場合も。これはフェースについた角度、ロフト角が効いているから。クラブの性能を活かせている証拠となる。

わずか5分で
方向が安定する
4

クラブの芯でボールをとらえるには、やはりスイングの軌道が大切。ここでも「まっすぐゾーン」が大活躍です。

腕に力を込める必要はありません。ゆっくり軽くスイングしても、芯をとらえたときの感触はわかります。**芯に当たるということは、クラブの運動エネルギーを最大限、ボールに伝えるということ。**そのため、芯でとらえたときほどクラブに伝わる抵抗は少なく、インパクトの音も軽やかになります。

ここで注意したいのは芯に〝当てにいく〟こと。ボールに当てにいくのと同様に、芯でとらえることを意識しすぎると、どうしても手首や指先で微調整をしたくなります。これがミスを呼ぶのです。

大事なのは、いつでも「まっすぐゾーン」を〝通る〟こと。これは変わりません。

芯でとらえる感覚をつかむ

NG

芯でとらえられないときはフェースが傾くため、箱が斜めに進む。ゾーンをまっすぐ通すことに立ち返ろう。

Let's try it やってみよう

ボール3個入りの箱をまっすぐ打つ

感覚をつかみにくいときは、ボールの入った箱や角材などを打ってみよう。ボール1個よりはるかに重いだけに、芯に当たった手応えを感じやすい。フェースに対して直角方向に、まっすぐ進めば成功だ。

目標 5回連続で芯に当てて、まっすぐ前に動かす

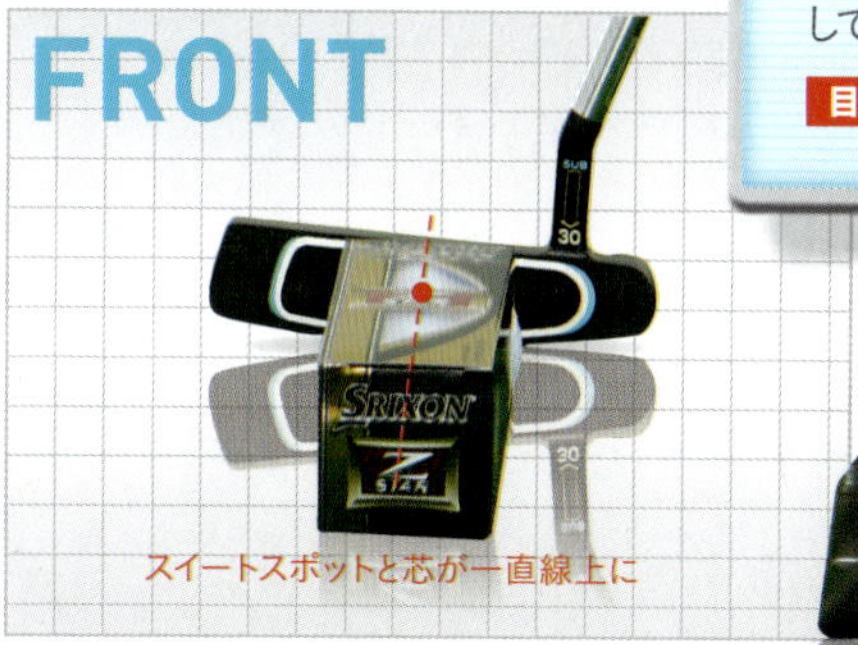

Let's try it やってみよう

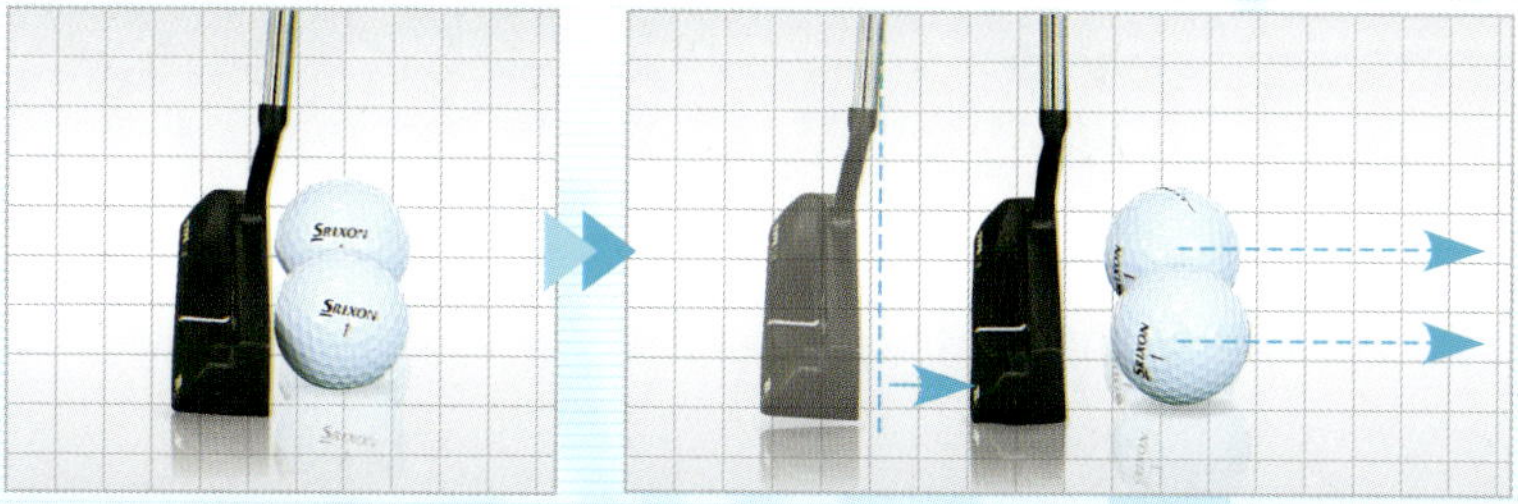

ボール2個を縦に置いて打つ

芯でとらえられていても、フェースが正面を向いていなければボールはまっすぐ飛んでいかない。フェースがまっすぐ当たっていれば、ボールは2個とも同じ方向に転がっていくが、傾いている場合は、転がる方向や飛距離に大きな差が出る。

目標 2個とも同じ方向に転がす

わずか5分で
方向が安定する

5

「まっすぐゾーン+芯」で〝絶対感覚〟が身につく

さぁ、ここまでくれば〝絶対感覚〟を身につけるまで、あと一歩。

復習になりますが「まっすぐゾーン」を毎回通せれば、ショットのミスを大幅に減らせます。さらにボールが芯に当たってフェースに〝乗っかる〟感覚がわかれば、気持ちいい打感とともに勝手に飛びます。**「まっすぐゾーン」はボールの方向を定めるハンドルで、芯でとらえることはボールを飛ばすアクセルと言えるかもしれません。**

でも、もうひとつ大切なものを忘れていませんか。そうブレーキです。狙った場所にボールをピタリと止められれば、まっすぐの絶対感覚に加えて距離

まっすぐの絶対感覚

車に例えると…

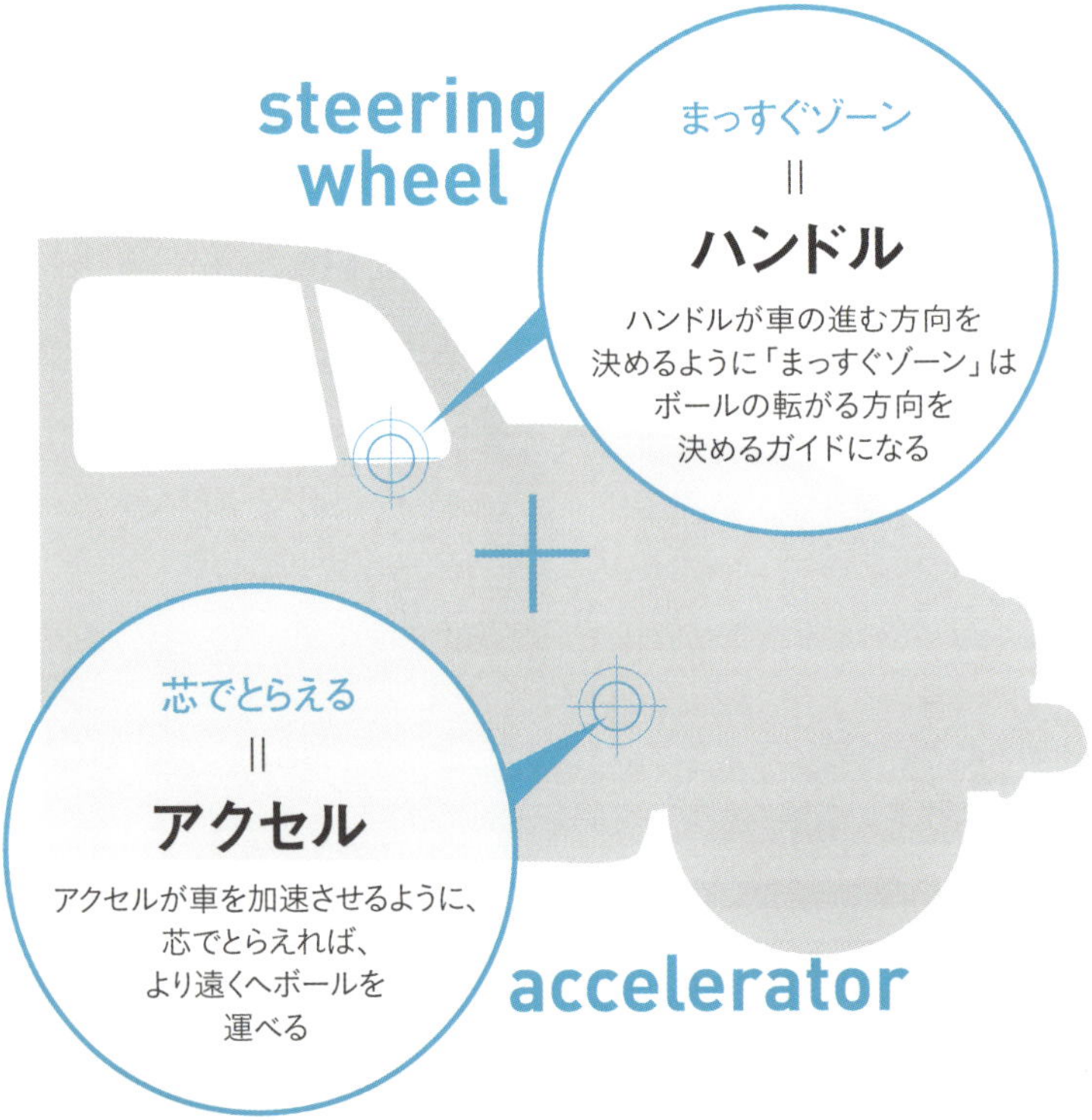
steering wheel
まっすぐゾーン
=
ハンドル
ハンドルが車の進む方向を決めるように「まっすぐゾーン」はボールの転がる方向を決めるガイドになる
+
芯でとらえる
=
アクセル
アクセルが車を加速させるように、芯でとらえれば、より遠くへボールを運べる
accelerator

感まで身につきます。

距離感をつかむうえで重要なのが、振り幅と振る速さ。たとえばクラブの重さを感じながら両足の幅だけ振ったとき、ボールはどのくらい転がるでしょうか。仮に3メートル転がったとしたら、それを基準にスイングを大きくすれば5メートル、逆に小さくすれば2メートルだけ転がるかもしれません。そう、ここでも基準をつくることが大切なんですね。

絶対感覚を身につけるには、自分の〝感覚（イメージ）〟と〝見た目（結果）〟の誤差を小さくしていく作業が必要。

何度も繰り返しクラブを振り、そのたびに手に伝わる感触やボールが転がる方向、距離を確認することで、「こう振ればこう転がる」という感覚が養われていきますよ。

距離感に慣れる

Let's try it やってみよう

ボールストップゲーム（2人1組）

目をつむって打ち、ボールが止まったタイミングで目を開けられるか競う。1人でやるなら壁の手前で止めるようにしよう。

ゴルフの非日常に ひとつずつ慣れる ①

当たり前だが、頭で理解しても繰り返しクラブを振らなければうまくはなれない。才能のあるプロでも、ひとつのショットを身につけるのに数百時間を費やすという。だから最初はうまくいかなくても、焦る必要はない。一つひとつの動作に集中し、体になじむまで反復練習しよう。ここでの地道な基礎固めがピラミッドのように重なり、後の上達をラクにする。

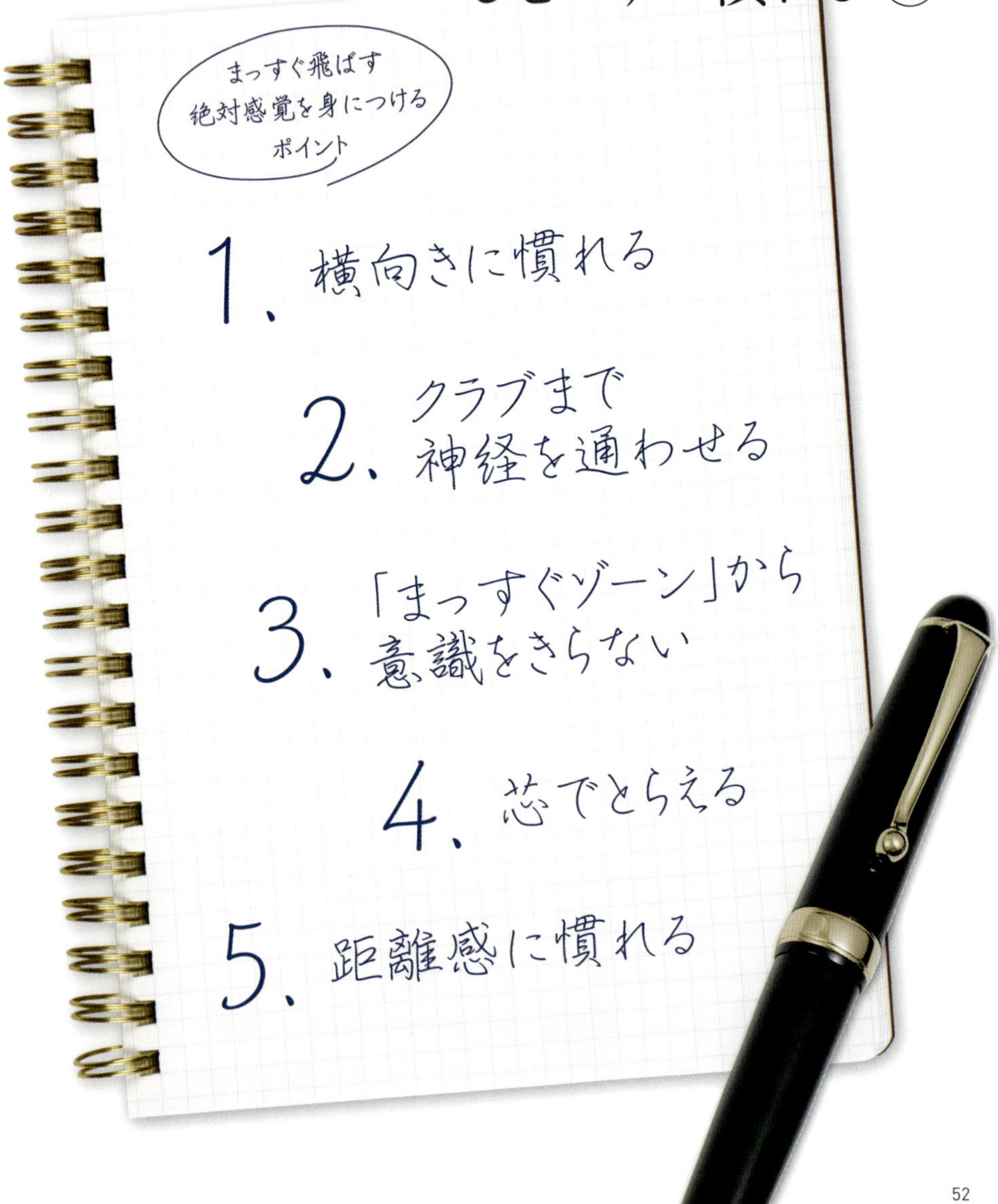
まっすぐ飛ばす
絶対感覚を身につける
ポイント
1. 横向きに慣れる
2. クラブまで
神経を通わせる
3. 「まっすぐゾーン」から
意識をきらない
4. 芯でとらえる
5. 距離感に慣れる

chapter 1

卒業試験

□

80cmのパットを8/10の確率で決める

□

1.5メートルのパットを5回連続で決める

この試験で求められるのは“メンタルの強さ”。
プロでも試合で2メートル前後のパットを入れられる確率は
50%程度にすぎない。
つまり半分ははずすのだ。
大切なのは、いつでも同じスイングができるようになること。
そこで頼りになるのが身につけた絶対感覚。
スイングの乱れは、心の乱れ。
うまくいかなくなったら、
何度でも立ち戻って、自信を取り戻そう!

column

初心者は どのクラブを買えばいい?

ひと口にクラブと言っても、ヘッドの大きさから形状、シャフトの長さに至るまで多種多様で、初心者にしたら「何をどう買えばいいのかわからない」というのが本音ではないでしょうか。

練習場に通うだけなら、ドライバーと7番アイアン、パターの3本だけでも問題ありません。中古なら1本数千円で購入できます。まずはそれらでスイングに慣れ、もの足りなくなったら買い換えるといいでしょう。どんなクラブが自分の体に合っているかわからない場合は、ショップにいって初心者であることと予算を伝えれば、最適なクラブをいくつか提案してくれます。もちろん中古品でもOK。ラウンドするのが前提なら、3万円台の格安セットもあります。

ただし接待などではクラブのステータスも大切なので、上司や同僚がどんなクラブを使っていて何を買うべきか聞いておきましょう。

アイアンで まっすぐ打つために

— 精度アップの要、ハーフスイング —

chapter

2

クラブの発する声に耳をすませよう

Listen to the Voices from your Club

フェースが開いていない？「まっすぐゾーン」はちゃんと通っている？

「振り回す」のではなく「感じる」ことが大事

ここからは前章で身につけた絶対感覚を、アイアンでのハーフスイングに落とし込んでいきます。やることはパターのときと変わりません。フェースの向きを正しく〝設定〟して「まっすぐゾーン」を通せれば、ボールは自然とまっすぐ飛んでいきます。

そう、理屈はこれだけ。簡単なはずなんです。でもアイアンやドライバーに持ち替えた途端、できていたはずの動作ができなくなることがあります。

頭の中では、たしかに美しくスイングできているはず。でも実際には、ボールが左右にそれていったりダフったり……。しかも自分では真の原因にたどり着けないことが多いのも、やっかいです。**振り幅を広げるほどヘッドにかかる重力などによって加速しやすいぶん、インパクトの瞬間に何が起きているか確認しにくいのです。**

そんなときほど、クラブの発する声に耳をすませてみましょう。

クラブの発する声とは、手にした瞬間からスイングを終えるまでに伝わってくる感触のこと。クラブを持ち上げたときの重さや、ボールがフェースに当たったときに伝わる感触。その一つひとつを確かめるように繰り返し打つことで、まっすぐ飛ぶ確率は跳ね上がっていきます。さらに体にその感覚をしみ込ませることで、逆にうまくいかなかったときは体のどこかに違和感を覚えるようになるのです。

クラブと自分の役割を明確にする

体の真下あたりで振り子のようにまっすぐ振れたパターと違い、アイアンは体とボールの距離が少し遠くなります。

このときやってしまいがちなのが、腕を伸ばしてヘッドの位置を調節すること。しかもスイングの幅が広がるほど「当てよう」「飛ばそう」という意識が高まって、必要以上に力を込めてしまいがちです。

でも、思い出してください。**あなたがいくら力んでも、クラブに備わった機能がはたらかなければボールは遠くへ飛ばないんです。**

繰り返しになりますが、現在のクラブは筋力や優れた技術がなくても、より高く遠くへボールを飛ばせるように極めて合理的に設計されています。あなたの役割は、そのクラブの持つ能力を最大限に引き出してやること。どんなクラブでも〝「まっすぐゾーン」を通す〟〝芯でとらえる〟が、いちばん大切なんです。

この章ではまっすぐ飛ばし続けるためのガイドを身につけましょう。

まっすぐ飛ばす〝絶対感覚〟をスイングになじませる

狙った方向へボールを転がすことを目的とするパターに対し、アイアンは上げることに長けたクラブです。

その名のとおりもともと鉄製で、ボールを遠くに飛ばすことより近距離のターゲットを正確に狙うのに適した形状になっています。

なかでも7番アイアンは、シャフトの長さがすべてのクラブのちょうど中間くらい。だから、これでスイングの感覚をつかんでおけば、少し長いクラブや短いクラブを持っても、すぐに体になじみます。パターで身につけた〝絶対感覚〟をスイングに落とし込むのに、ベストなクラブなんです。

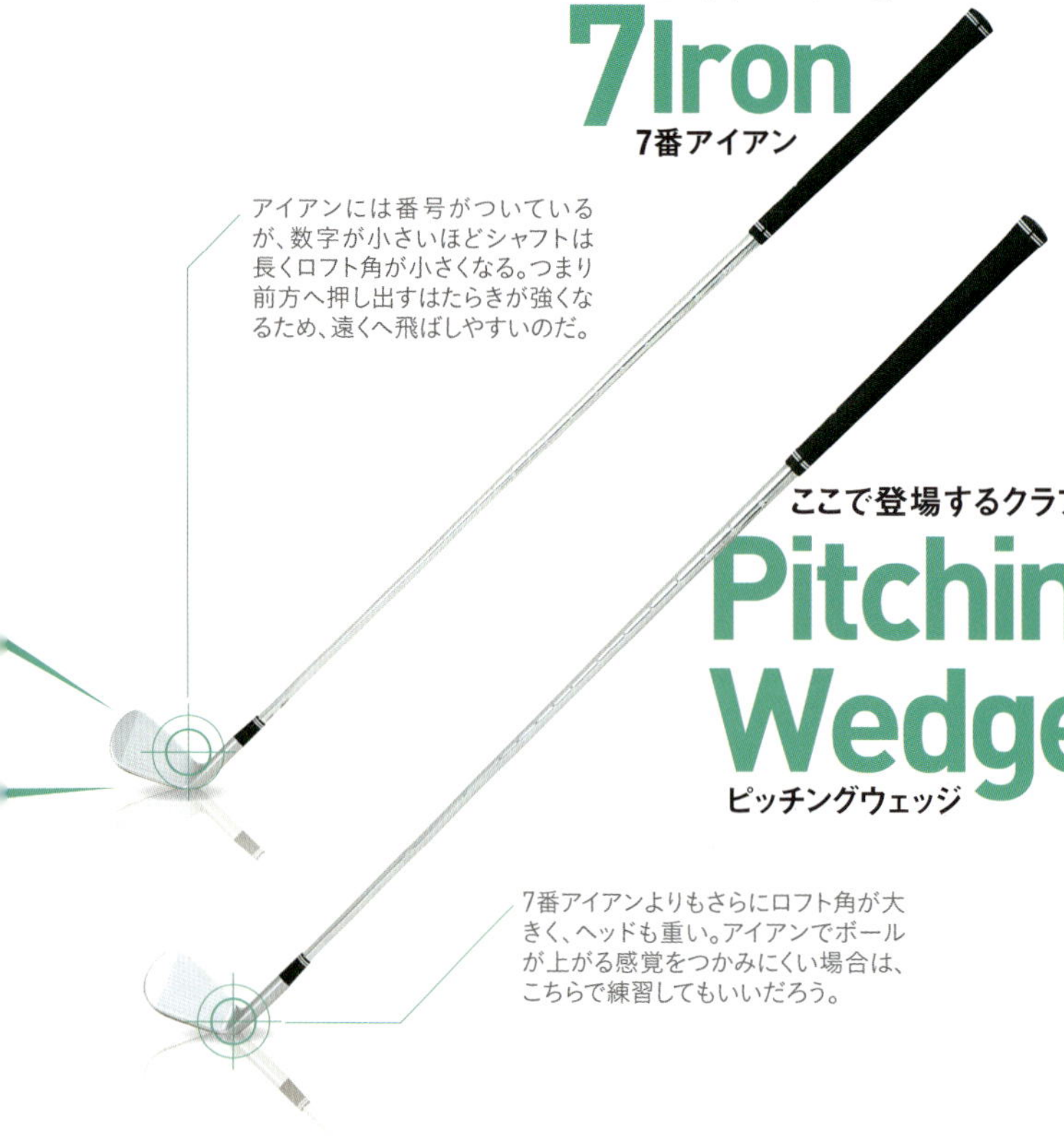

ここで登場するクラブ❶

7Iron

7番アイアン

アイアンには番号がついているが、数字が小さいほどシャフトは長くロフト角が小さくなる。つまり前方へ押し出すはたらきが強くなるため、遠くへ飛ばしやすいのだ。

ここで登場するクラブ❷

Pitching Wedge

ピッチングウェッジ

7番アイアンよりもさらにロフト角が大きく、ヘッドも重い。アイアンでボールが上がる感覚をつかみにくい場合は、こちらで練習してもいいだろう。

ヘッドの持つ機能の秘密

7番アイアンはフェースにロフト角がしっかりついており、軽く打ってもボールが上がるため、クラブの特性をわかりやすく学べるという利点も。また、ヘッドの重みも充分にあるのでクラブの重さを感じたスイングがしやすく、初心者でも扱いやすいでしょう。

もうひとつ特徴的なのがヘッドの底、ソール。アイアンはこの部分が広いため、地面をこすってもなめらかにスイングできます。

ウェッジのほうがヘッドは重くて大きく、ロフト角もついているため打ちやすいのですが、長いクラブを持ったときの上達が遅れます。ですから、7番アイアンでうまくいかないときに使ってみるといいでしょう。

1 角度がついているから ボールが高く上がる

ロフト角とは、フェース面につけられた傾斜角度のこと。この角度が大きいほどフェース面が“地面に寝る”ため、ボールを浮かせるはたらきが強くなる。余計なことを考えずに振れば、自然にボールは上がるのだ。

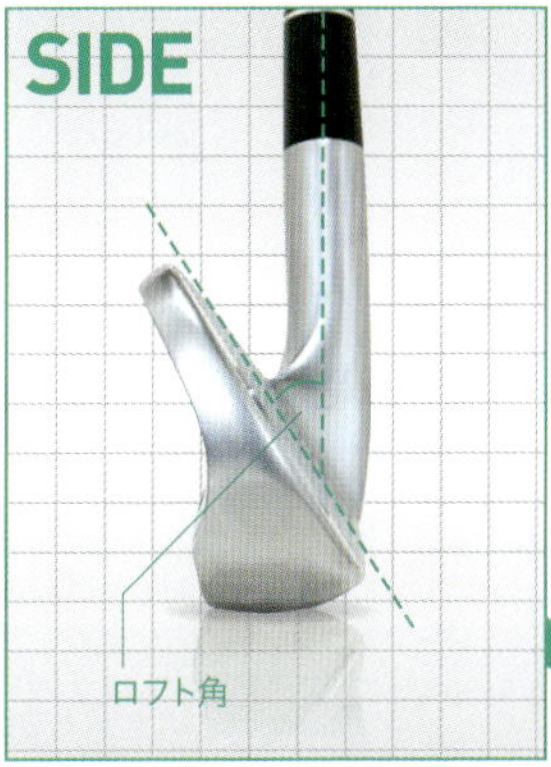

2 地面に刺さらないよう 分厚い底がある

ソールは名前のとおり、クラブヘッドの底のこと。ここの幅が広いほど、クラブが地面をすべりやすくなる。スイングするとき、ヘッドが多少地面をこすっても問題ないので安心して打とう。

5分でまっすぐ打つ

1

“すぐに動き出せる立ち方”はスイングのブレを抑えてくれる

初心者がスイングするときの姿勢は人によって本当にさまざまで、打つたびに変わります。体の大きさややわらかさ、腕の長さなどによって、打ちやすいようにボールに合わせて毎回調整しているんですね。

この調整が、ミスショットの原因に。ボールに当てようとする意識が強すぎると、体に力が入ったり前傾姿勢になったり、ひざを曲げすぎたりします。その結果、スイングの軌道がブレ続けて思わぬ方向に飛ぶのです。

では、どんな立ち方ならスイングは安定するのでしょうか。難しく考える必要はありません。ボールをまっすぐ打つなら、まっすぐ立てばいいのです。なんだか禅問答のようですね。

じつはこのまっすぐ立つ感覚、自分ではわかりにくいもの。**ふだんの生活でも体はつねに動いているし前後に傾いている人も多いため、意識してまっすぐ立つ感覚をつかむことが必要です。**

この感じを保ったままクラブを持ち、ボールの高さまで腰やひざを軽く曲げれば、まっすぐ打つための土台が完成します。ボールに合わせて腕を伸ばしたり、つま先重心になるまで前傾したりすると安定しませんよ。

3 着地の姿勢を保つ

着地後はひざが軽く曲がり、足裏全体で体重を支えているはず。これが最も安定した状態で、スイングする姿勢の基準になる。

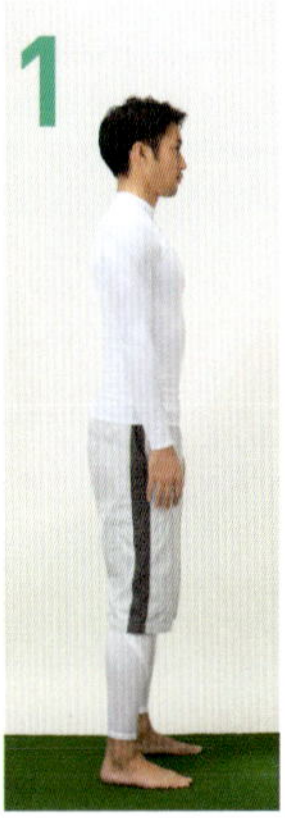

軽くジャンプを繰り返す

安定した立ち姿勢をつくるには、その場で真上に軽くジャンプし続けるとよい。

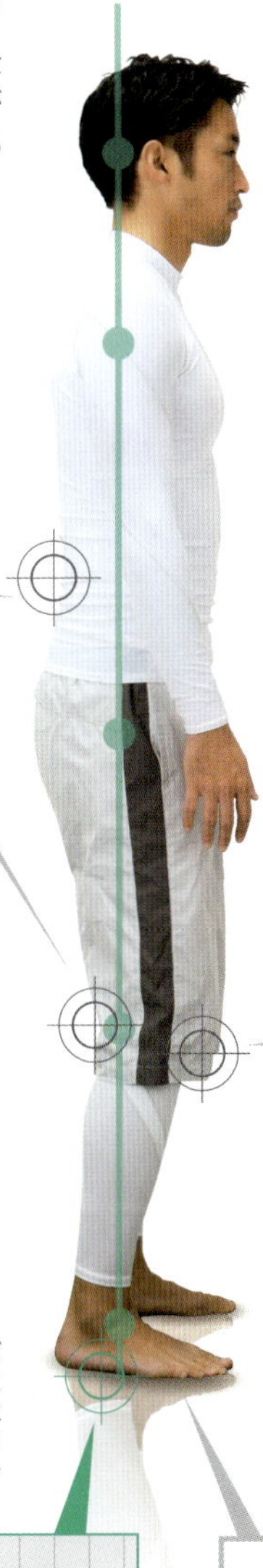

NG 力の入れすぎ

お尻が突き出て前かがみになり、ひざも伸びている。つま先に力が入っているため体は動きにくく、腕の力に頼ったスイングに。

NG ひざの曲げすぎ

ひざを曲げすぎると、体の重心がかかと(後方)に移動する。このままスイングするとテークバックで体がのけ反ってしまい、ショットは安定しない。

足裏全体で体を支える

足裏の中心あたりに体重が乗る感じがいちばん理想的。足裏全体で立っていれば、前後に押されても上半身が多少動くだけで下半身はブレないはず。クラブを振り上げたときと振り下ろしたときの動きもスムーズになり、スイングの軌道も安定する。

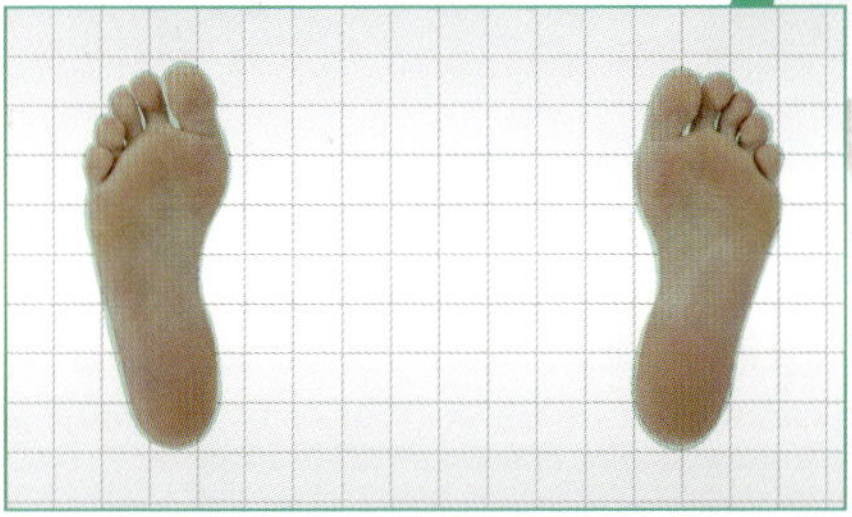

NG つま先重心、かかと重心

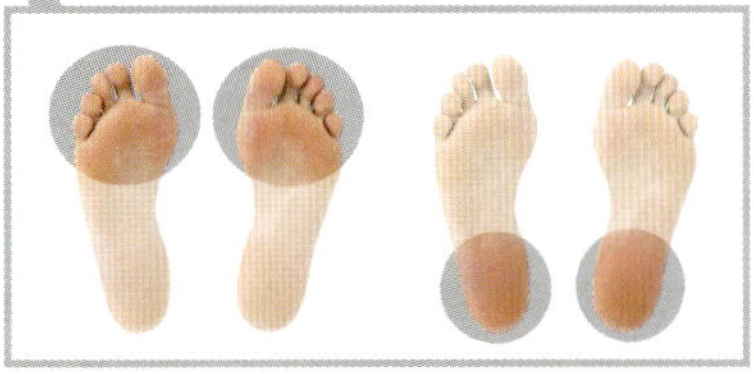

つま先重心だと前に、かかと重心だと後ろに体が倒れそうになる。どちらに重心が移動してもショットは安定しない。

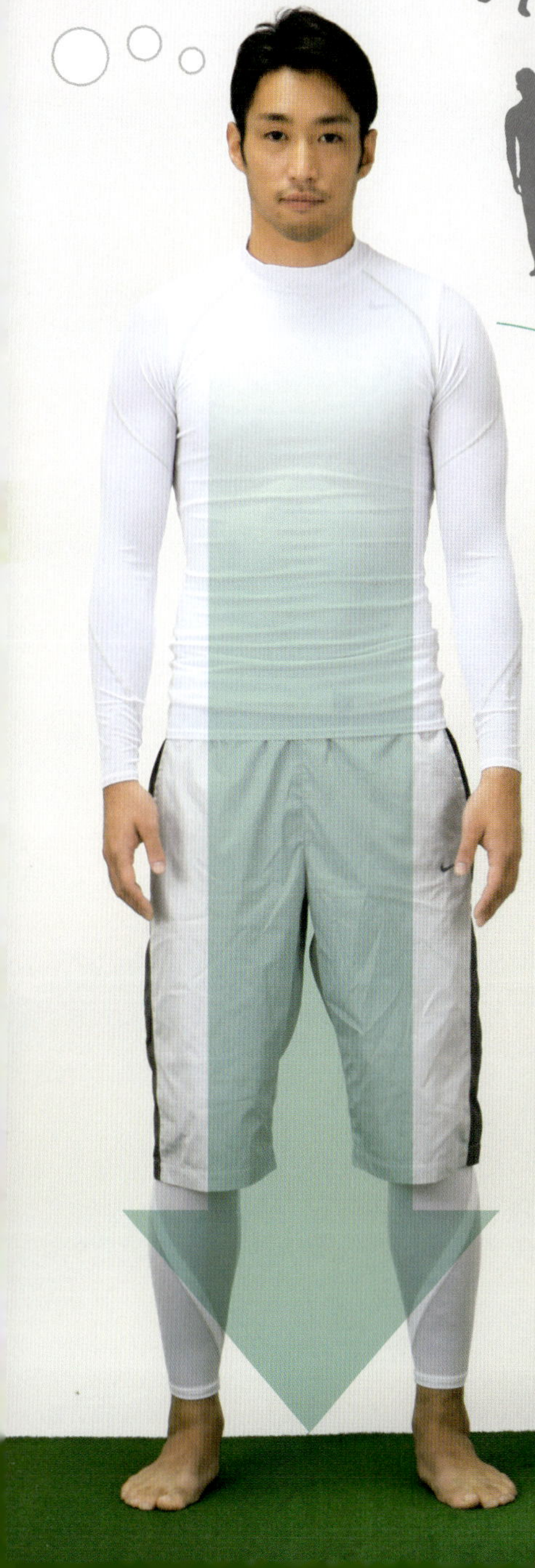

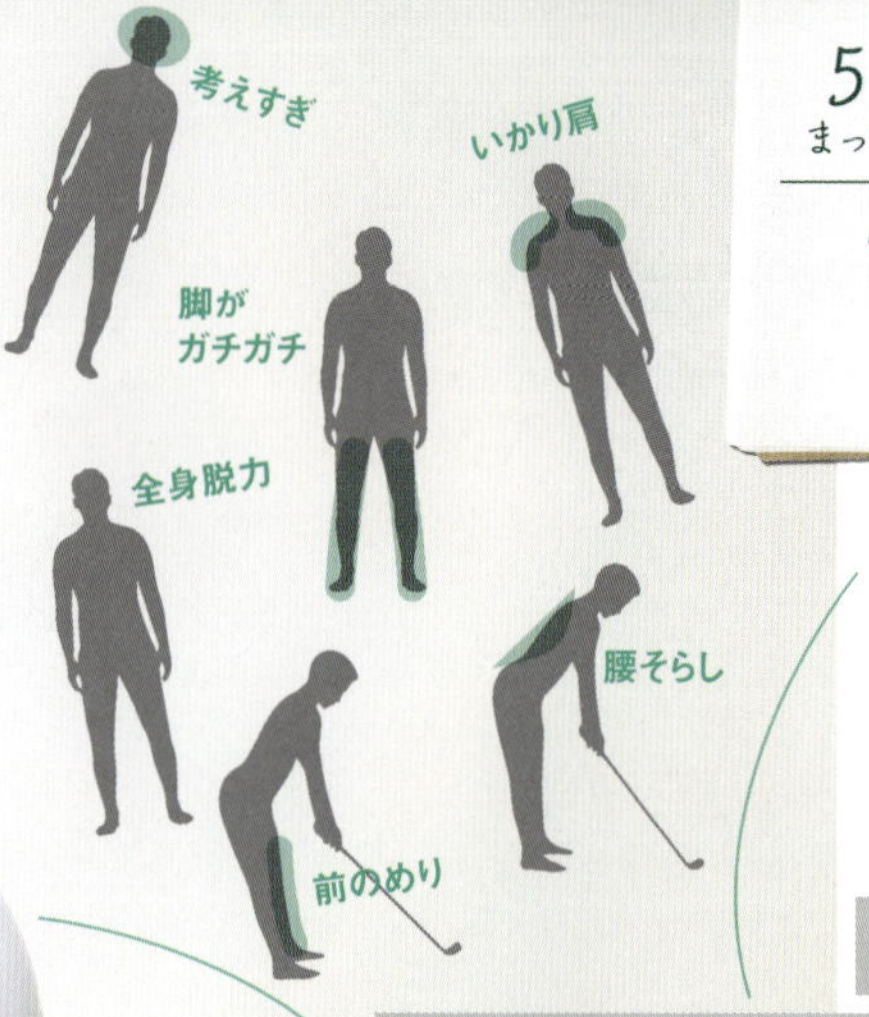

NG

押されるとすぐよろめく

横や後ろから押されたときに体がよろめくなら、体の一部分に力が入っていたり、重心がかたよったりしている証拠。

姿勢を安定させるには、自分のクセをリセットして重力を感じることが大切。地球の中心に向かって引っ張られる感覚を意識しましょう。**ベストなのは〝いつ、どの方向にも走り出せる状**

ベストな立ち姿は人によって全然違う

テレビや雑誌でプロのアドレスを見ると、足が大きく開いていたり腰を反らせていたりと、千差万別。これは人によって体形や筋肉のつき方、骨格がまるで違うからだ。たとえば海外の選手は日本人に比べ、はじめから腰が反っているためアドレスでも反る。これが彼らの動きやすい姿勢だからだ。重心を中心に置き体を安定させる基本は、つねに変わらない。見た目だけに惑わされると上達は遅くなる一方に。

押されても倒れない大木をイメージする

体の重心がフラフラしていると、スイングの軌道も安定しない。しっかりした体幹をつくるため、足は地面に根をはり体の中心が真上に抜けていくような、大木をイメージしよう。

態〟を保つことです。どこかに力が入りすぎていたり抜けすぎだったりすると、動きにくい方向が生じます。これがスイングの動作をジャマして軌道にブレを生じさせるのです。

とはいえスイングに慣れるまでは、体はぐらつきやすいもの。スイングの反動で体がよろめいたり、ねじれたりするのは当たり前です。

またスタンスは、体格差も影響します。体重の重い人に比べると細くて体重が軽い人は、体がもっていかれやすいので意識しないと安定しにくいのです。何度も振って体に動きをなじませ、安定したスタンスをつねに維持できるようにしましょう。

この反復が、やがて大木のように揺るぎない土台をつくり、ショットの安定感は格段に増していきます。

5分で
まっすぐ打つ

2

フェースがまっすぐのときの感触を覚える

いつでもまっすぐ飛ばせるスイングをするための準備は、もうひとつだけあります。それは地面に対しまっすぐ立つのと同じように、クラブもまっすぐ飛ばせるように〝設定〟することです。

「もともとまっすぐでは？」と思われるかもしれませんが、シャフトからヘッドが突き出てフェースには角度（ロフト）もあるため、それを踏まえて設定しないとまっすぐ飛ばないんです。

クラブをまっすぐに合わせるポイントは、フェースの向きを目で合わせること。これがズレていると、正しくスイングできたとしてもまっすぐ飛ぶ確率は大きく下がります。こんなもったいないことは避けましょう。

正しく設定できたら、クラブを持ち上げてフェースの向きをまっすぐに合わせたときのクラブの重さを、体で感じます。

ただし**感覚は、体調や気分によってつねに変わるもの。重心を感じられるようになっても、それが本当に正しいかは毎回、目で確認すべきです。**とくに慣れてくると気づかないうちにズレが生じ、ミスを生む原因に。定期的に設定し直して見た目と感覚を合わせることが、精度アップの要なんです。

1 フェースの向きをまっすぐに合わせる

ヘッドの形状に惑わされず、打ちたい方向に対しリーディングエッジを直角に合わせる。クラブを持ち上げて見たときに設定しないと、ズレが生じやすい。

2 まっすぐのときの感触を知る

FRONT

クラブを体の正面で上下させ、重心を感じよう。重心はシャフトより右にあるため、完全に力を抜くと右に倒れる。

Let's try it やってみよう

ヘッドを見ずにまっすぐに合わせる

目をつむったままクラブを持ち上げ、ヘッドを上下させる。そのまま回して、まっすぐと思ったところで止める。何度やっても正しければ、フェースをまっすぐにする感覚が身についたということ。

目標
目をつむったままヘッドを回転させ、まっすぐに合わせられる

5分でまっすぐ打つ

3

クラブの重さを感じながら体で振ってみる

ここからは、いよいよスイングの基本に入ります。まずは安定した姿勢をつくり、フェースをまっすぐに設定しましょう。

クラブを片手でやさしく持ち、左右にぶらーんぶらーんと振ってみます。……この感じ、記憶にありませんか。

そう、ボールを手で持っていたとき（P36参照）と理屈は同じなんです。

クラブを持つと、知らず知らず力みがちですが、それではクラブの重さや重心は感じ取れません。**クラブは腕の延長と考え、クラブを振るのではなく、ぶらーんぶらーんと〝クラブと一体化した腕が左右にゆれる〟ようにしま**

安定した姿勢でまっすぐ立つ

真上に軽く数回ジャンプして、着地した直後の姿勢を維持する。足裏全体に体重がかかっているか確かめよう。

フェースをまっすぐに設定する

体の正面でクラブを持ち上げてフェースをまっすぐに設定し、ヘッドの重みを感じよう。スイング時も感じ続けられると、手首が安定する。

しょう。**繰り返すうちに、ヘッドの重みや速度が位置によって変化するのを感じ取れるはず。**これを体に覚え込ませることが、クラブの性能を活かしたスイングを飛躍的に上達させることにつながります。クラブの重さを利用することで重力や遠心力がはたらき、力を込めずとも軽やかで力強いスイングができるようになるんです。

慣れてきたら、次は両手で持って振りましょう。胸を支点にした体の動きを意識すると、うまくいきます。この動きに慣れるまでは、どうしても余計な力が入りやすいので、最初は右手を軽く添えるくらいでも構いません。

腕が力むことなく、ヘッドの位置や重みをつねに感じ取りつつスイングする。これが大切なんです。

Let's try it やってみよう

右手▶左手▶両手でぶらぶらスイング

はじめは利き手で、慣れてきたらもう一方の手に持ち替えてぶらぶらと振ってみる。利き手は力を込めやすいため、クラブの重みを無視しがち。両手のときは、利き手は添えるくらいでちょうどいい。

目標　10回連続振ってヘッドが走る感じをつかむ。
動きが左右で異なることを把握し両手でスイング

3 左右にぶらぶらとクラブを振ってみる

振り幅は、手の位置が左右の足の前を行ったり来たりするぐらい。腕に余計な力が入ると、ひじがピンと伸びてヘッドの重みを感じられなくなるので要注意。2で感じた重みを感じ続け、ヘッドが勝手に走るような感覚がわかれば完璧だ。

まっすぐ持ち上げてまっすぐ落とすイメージで

クラブの重さを利用しつつ振ってヘッドの重みまで感じられたら、次は振り幅を広げましょう。

グリップエンド（グリップの先端部分）と体の距離を一定に保ちながら、腰の高さまでクラブを上げます。そのまま下ろして、左右対称になるように振ってみましょう。これをハーフスイングと呼びます。

振り幅を広げると腕の力に頼りがちですが、あくまでクラブ全体の重さ、ヘッドの重みを利用してスイングすることを忘れないでください。

うまくいかないときは、ジェットコースターをイメージしてみましょう。

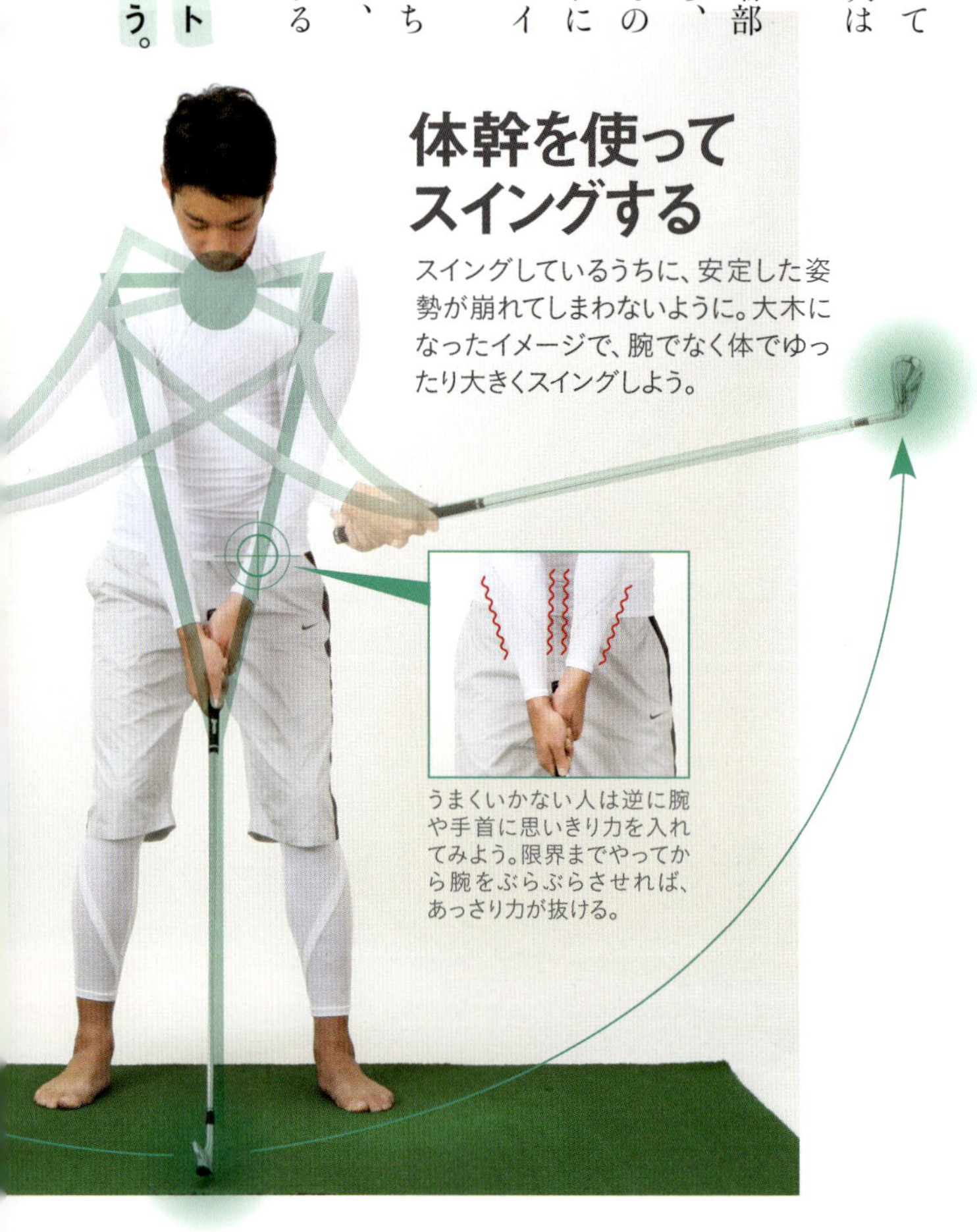

体幹を使ってスイングする

スイングしているうちに、安定した姿勢が崩れてしまわないように。大木になったイメージで、腕でなく体でゆったり大きくスイングしよう。

うまくいかない人は逆に腕や手首に思いきり力を入れてみよう。限界までやってから腕をぶらぶらさせれば、あっさり力が抜ける。

体とグリップとの距離を一定にする

ありがちなのが、ひじを曲げ伸ばししてボールとヘッドの距離を調節すること。こうするとスイングの軌道がゆがんでしまう。グリップエンドをおへそのあたりにつけ、そのまま下ろしてヘッドの重みに負けない程度の力だけ腕に残して左右に振ると、理想的な動きがわかる。

レール（まっすぐゾーン）の上を、重力を利用してコースター（ヘッド）がすべり落ちていくイメージです。

クラブを〝振る〟のではなく、〝まっすぐ落とす〟意識でスイングするとうまくいきます。

ヘッドを軽く引っ張ってもらう

「打とう」「当てよう」と意識しすぎると、ヘッドにかかる重力や遠心力を使えず、クラブと腕の動きがバラバラになってしまう。パートナーにヘッドを軽く引っ張ってもらい、クラブと腕を一体化させる感覚を思い出そう。

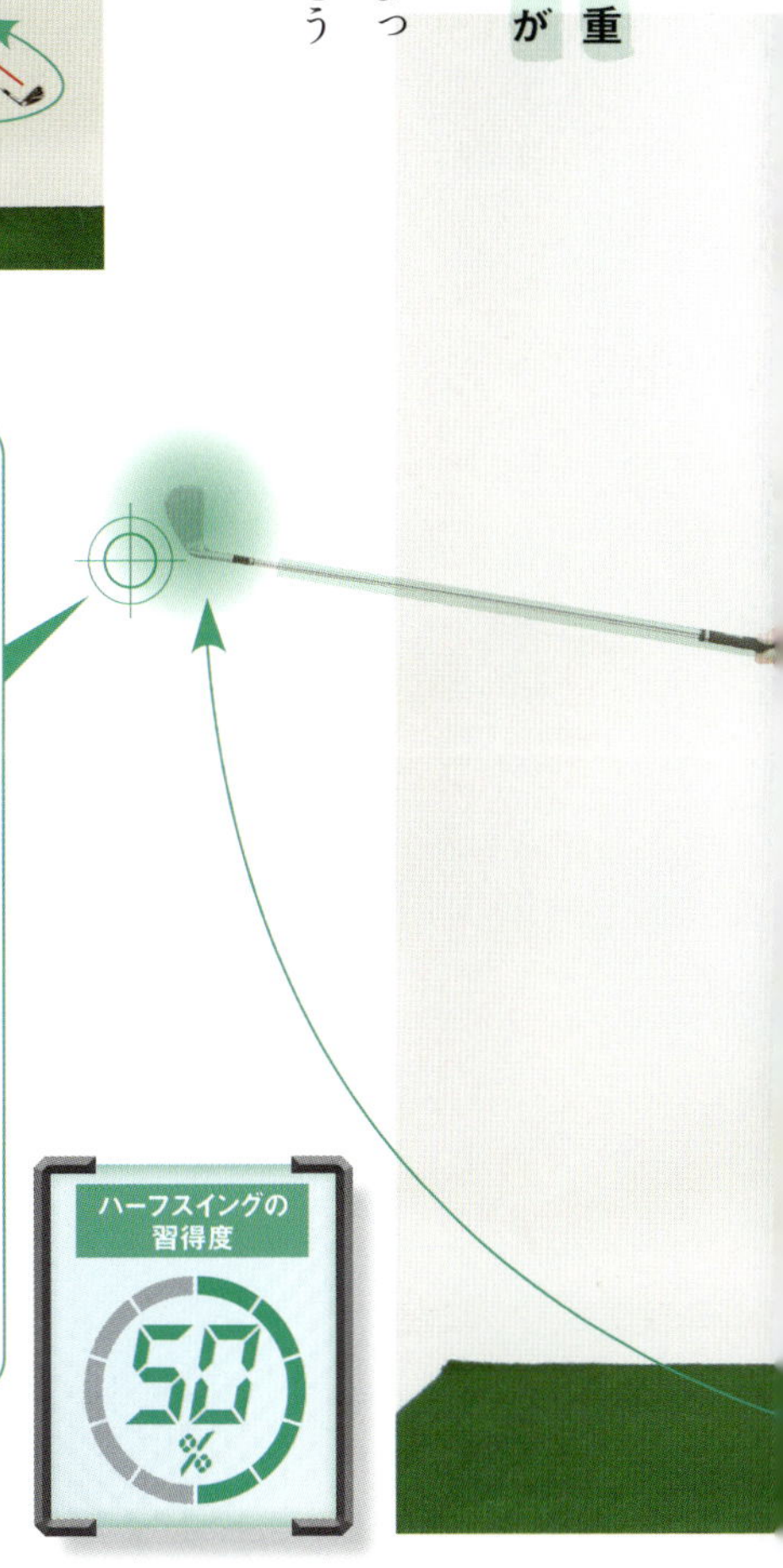

5分でまっすぐ打つ 5

「まっすぐゾーン」を必ず通過すれば精度は上がる

ヘッドの方向に引っ張られるような〝走る〟感覚がわかれば、クラブの重さやヘッドの重心をうまく利用できている証拠。次は「まっすぐゾーン」を毎回通過させるステップに入ります。

おそらく、はじめはうまくいかないでしょう。振り幅が広がったんですから当然です。**そもそもゾーンに入らなかったり、気を抜くとブレたりしますが、これを続けた人はまっすぐ飛ばせる精度が一気に上がります。**いきなりうまくできたとしたら、かなり感覚の鋭い人。自信を持っていいですよ。〝必ず〟〝毎回〟と意識しても通過するようになったらボールを打ってみましょう。

ここで注意したいのが**〝打つ〟のではなく「まっすぐゾーン」を〝自然に通る〟ようにすること。ボールの位置に合わせて振ると、腕や手首でヘッドを微調整しがちで軌道がズレます。**でも、まっすぐ落とすようにすれば、フェースは勝手に正面を向いてボールにしっかり当たるはずです。

イメージとしては、ブランコが近いでしょう。胸の中心を支点に座面（ヘッド）が動いている感じが理想です。これがつかめると、意識しなくても「まっすぐゾーン」を通過するスイングができますよ。

2 “当てる”から“勝手に当たる”に

ボールを置くと、どうしても当てることを意識し、腕に力を入れたり手首を返したりといった微調整をしがちに。これでは、いつまでたっても打球は安定しない。「まっすぐゾーン」を正確に通せれば、意識しなくても“勝手に当たる”。ボールに当てるのではなく、スイングの軌道上にたまたまボールがあると考えスイングしよう。

1 “通る”▶“戻る”の繰り返し

下ろすときは、ゾーンを“通る”ことだけイメージする。戻すときは、利き手で軌道をコントロールしがちに。“狙う”のではなく“戻る”意識を持とう。

Let's try it やってみよう

ハーフスイングで同じ位置を通し続ける

スイングの精度をより高めたいなら、しっかり固定したゴムティーの同じ高さを打ち続けてみよう。ない人は小さく切ったテープを直線状に地面に貼って、こすりとる。

目標 連続10往復

ハーフスイングの習得度

70%

5分でまっすぐ打つ

6

“乗っかる”感じに集中 ヘッドのかたちにとらわれず

ここまでくれば、絶対感覚でスイングできるまで、あと一歩です。「まっすぐゾーン」を通るようになったら、今度はボールを打ったときの感覚にも意識を向けてみましょう。

試しに、何も考えずに打ってみてください。腕を強く振った感じがしたり手に感触が残ったりするようなら、残念ながら芯でとらえていないでしょう。**力感（力強く振った感触）があるとしたら、自分が意識できる腕や手首に力が入っているだけ。じつは、それがスイングのブレーキになることが多いんです。**

そして理想的なショットができたら

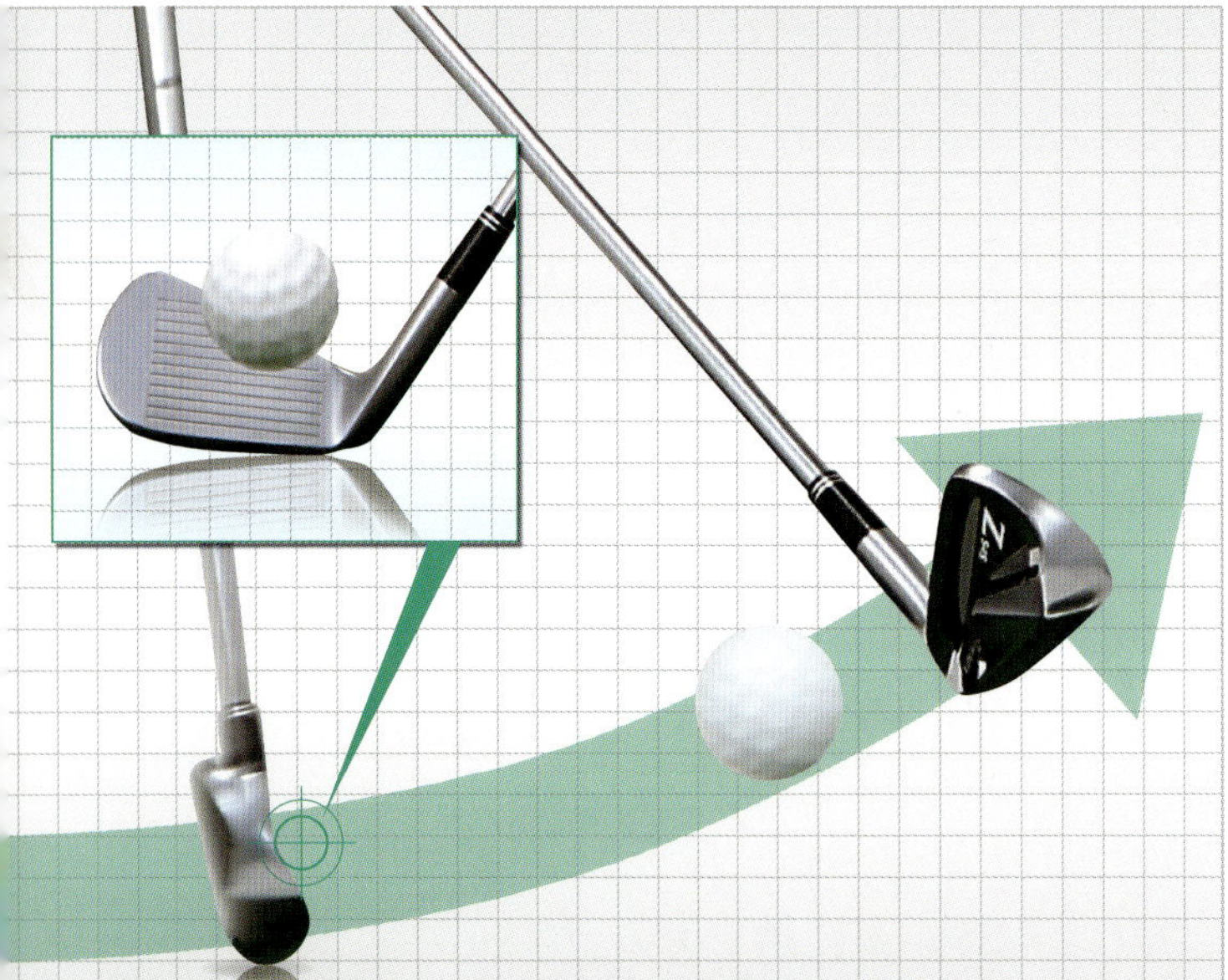

まっすぐ打てば自然とボールはせり上がる

アイアンのヘッドにはロフトがついており、この傾斜によりボールは自然とせり上がる。つまりフェースをまっすぐに設定して打つこととボールを飛ばすことはイコールなのだ。

「打った」「振った」という感触はありません。前にもご説明した（P46参照）とおり、芯に当たったときほどボールから受ける抵抗は減るからです。むしろボールがヘッドに〝乗っかる〟感触があります。

　正しく当たれば、ボールは勝手にフェースをせり上がって浮き上がります。これが〝乗っかる〟で、同じ状態を〝くっつく〟と感じる人もいます。

　この感じは、軽く打つだけでも確かめられます。発泡スチロールでできたボールなどを使って、自宅でこっそり練習してみましょう。

　これがつかめるとボールは上がるようになるし、打感によってスイングがうまくいっているかどうかもわかるようになります。ライバルに差をつけるチャンスですよ！

Let's try it　やってみよう

障害物を越える

打つ方向に障害物（別のクラブや紙コップなど）を置いて、それを飛び越すように打ってみよう。打ち上げようとするとダフりやすくなるので、あくまで芯でとらえることを意識する。難しければ、最初はロフト角の大きいピッチングウェッジを使ってもよい。

目標　5回連続で越える

5分でまっすぐ打つ

7

わずかな〝意識〟が打球を大きく左右することを知る

ボールに当てたい！

ボールを見すぎるあまり、体が前に突っ込んでしまう。結果、クラブを上から打ちつけるかたちになり、ダフる確率が大幅に高まる。

早く打ちたい！

早く打とうと焦って、テークバックで体が右に流れている（❶・❸）。また手首だけでクラブを持ち上げている（❷）ため、不安定なスイングに。

ミスをしたくない！

ダフリをおそれるあまり、体が伸び上がっている。その結果、今度は空振りやチョロ（ヘッドがボールの上部をかすめるミス）が増えてしまう。

ボールを飛ばしたい！

意識が「まっすぐゾーン」よりも前に向いているため、顔が前を向く（❶）ほか、体が前に移動（❷・❸）している。ダフリや空振りの原因に。

なんでもそうですが、物事の上達は右肩上がりに一直線というわけにはいきません。少し上がって踏ん張って、また少し上がって踏ん張っての繰り返しです。時間が空くと戻ることだってあります。

ゴルフの場合、この少し上がった直後が、じつはいちばん危険なんです。**「できた！」「なるほど！」と〝開眼〟した瞬間に、これまで積み重ねたことに意識がいかなくなる、**つまり打ち気が勝ってしまうんですね。

この打ち気にも、いろいろな種類があります。右ページに示したように、ちょっとした心理状態によってスイングの乱れ方も変わってくるんです。

いずれにせよミスの原因の多くは、ボールに合わせて体が動くことにあります。主役はボールではなくクラブ、あくまで「まっすぐゾーン」を通るスイングが主体であることを忘れないようにしましょう。

Let's try it やってみよう

目をつむって打つ
▶ボールを見すぎなくなる

極端だが、打ち気を抑えるにはこれがいちばん効果的。手ぬぐいやアイマスクをつけて、スイングしてみよう。

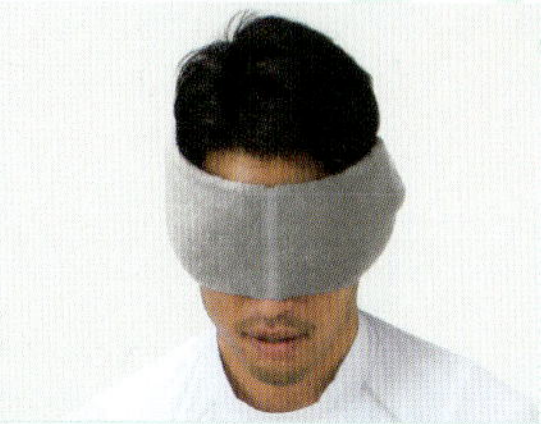

大きいボールを打つ ▶当てにいかなくなる

ボールに当てようとする意識がぬぐえない場合は、大きいボールで練習してみよう。これなら空振りも少なく、ゾーンに意識を集中できる。

色塗りボールを打つ ▶安心して打てる

ゴルフボールを上から見ると、目の錯覚により平面的に見えることがある。ダフりなどが多い場合は、ボールの一部に色を塗るなどして高さを正確につかもう。

the Worst 5 things that Obstructs Club Performance

クラブの性能をジャマするワースト5

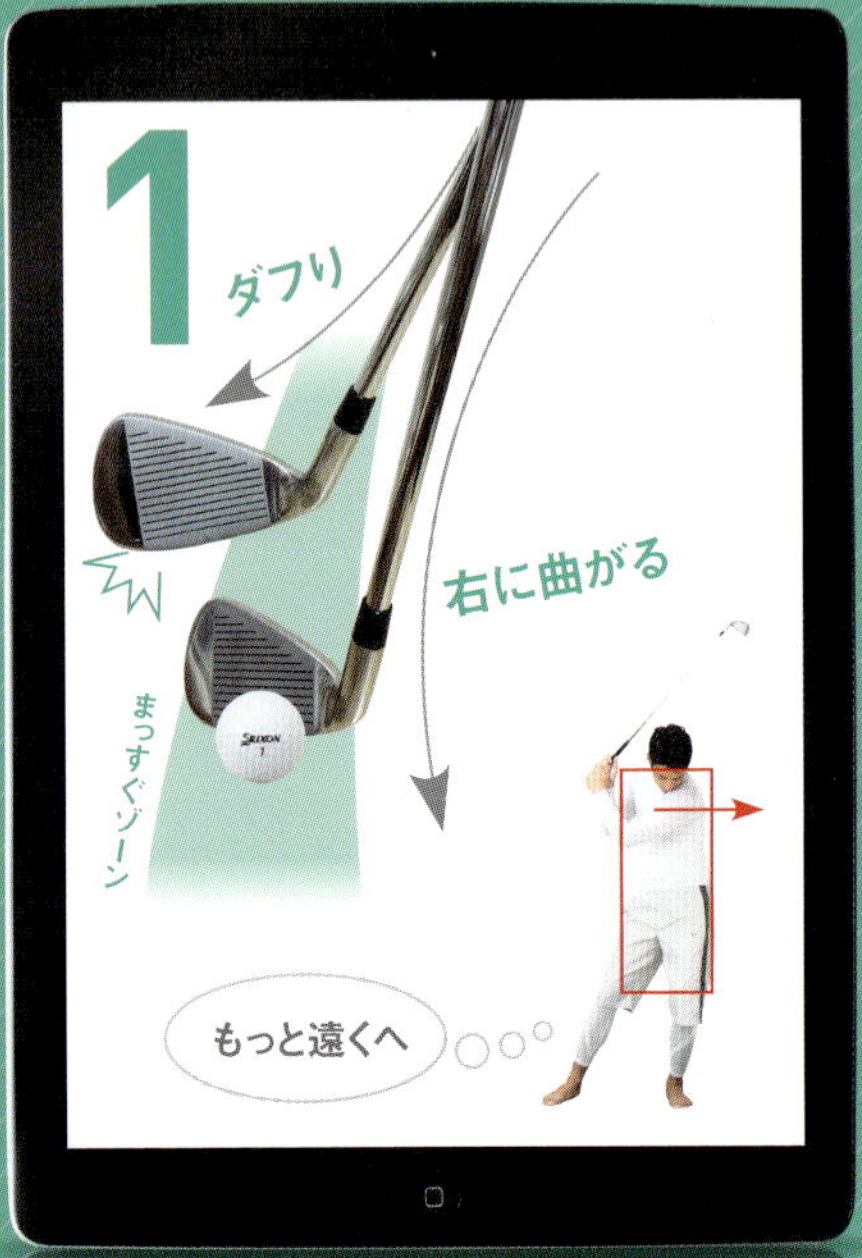

体が突っ込む

ボールを飛ばしたい意識が強すぎると起こりがち。ボールを飛ばす方向に必要以上に体が動いてしまう。このままスイングすると、ボールの位置に合わせて腕でヘッドの位置を調節せざるを得ないため、フェースが開いてスライスしてしまう。

ボールを見すぎる

ボールの位置を意識しすぎるあまり、上体をかがめてしまう。それにともないクラブの位置も下がるため、腕だけを動かした小ぶりなスイングに。スイングも叩きつける、もしくは横振りに近くなるため、ダフったりシャンクしたりするおそれが。

力む

肩や腕、手首が力むと、硬くなってしまう。そのまま腕の力に任せてクラブを振ると、どこかでスイングの動きがブレてヘッドの重みや遠心力がスイングに乗らない。

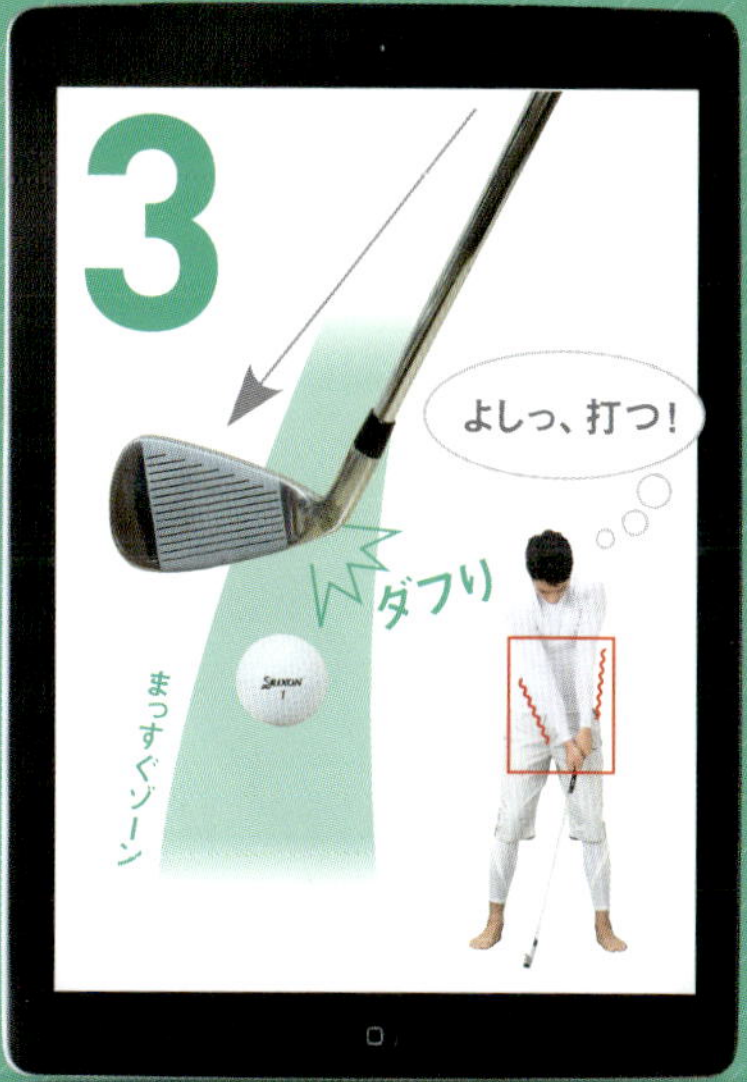

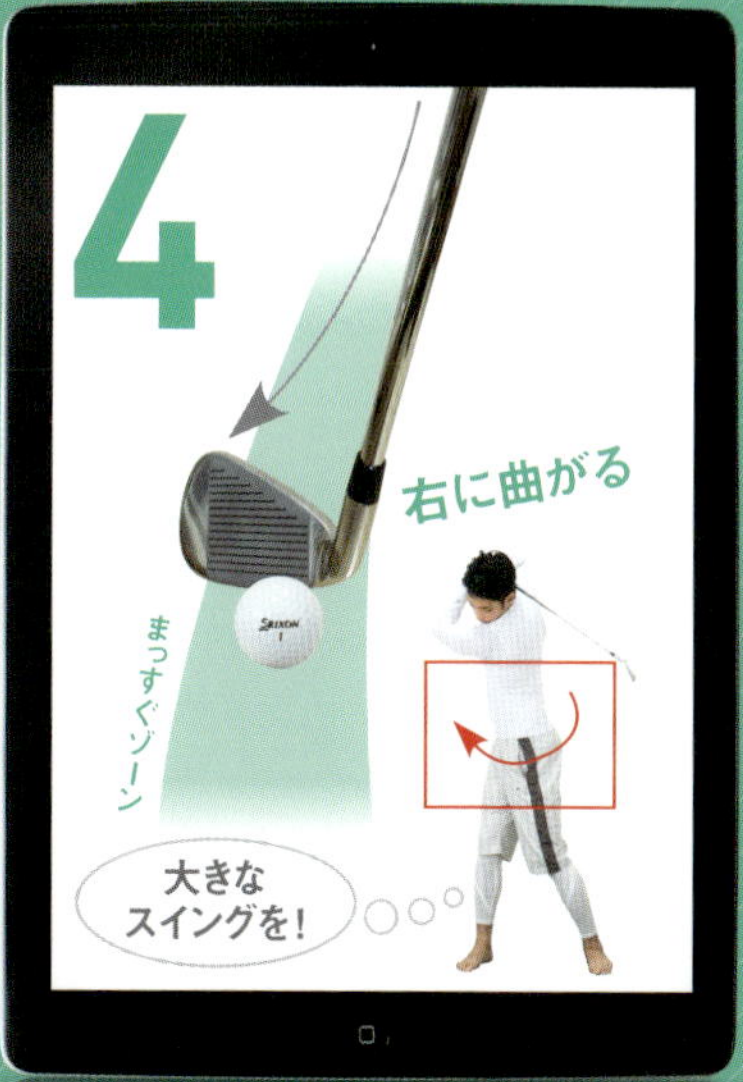

体をひねりすぎる

いわゆる振りかぶった状態で、野球のバットスイングに近い。グリップエンドと体の距離がバラバラなため、スイングの軌道は安定せず、空振りする危険性も高い。

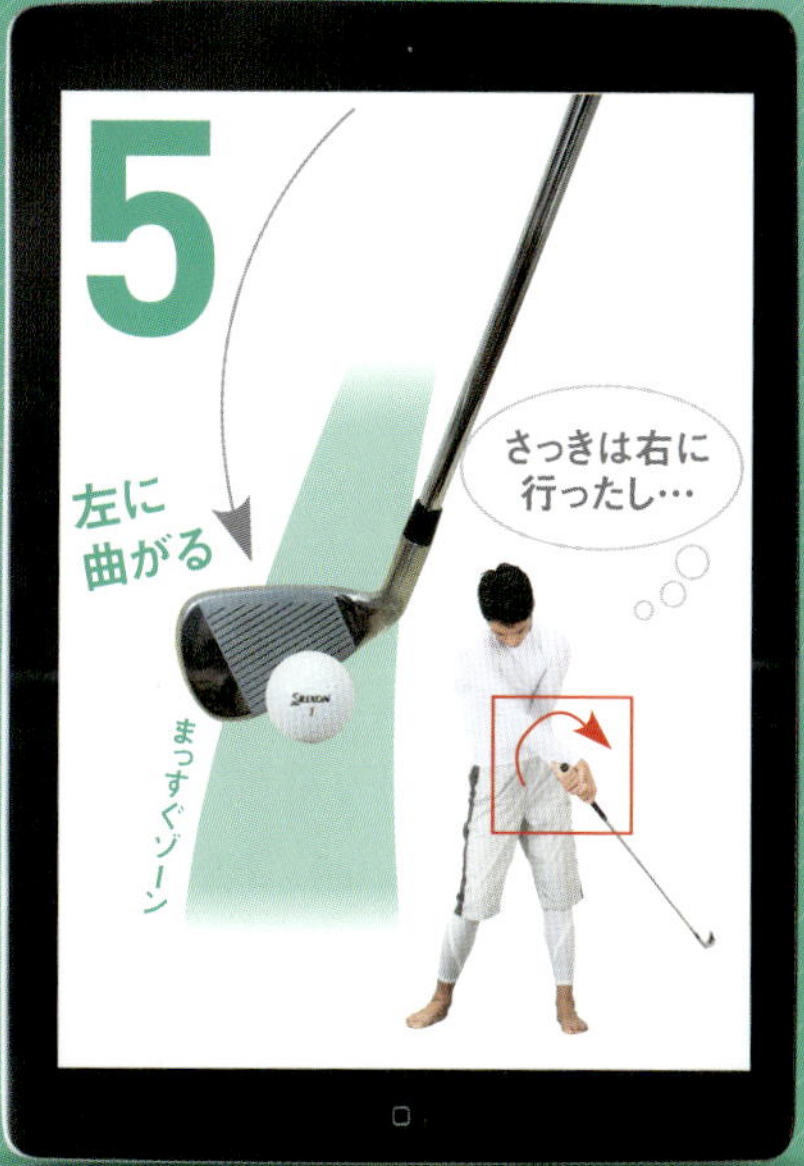

手首を返す

クラブを持ち上げる瞬間にヒョイと手首を返すのも、右に飛ばさないようインパクトで返すのもNG。毎回変わる動作により軌道は安定せず、フェースの向きもブレやすくなる。

原因は

「遠くに飛ばしてやろう」「しっかり当てないと」などという考え方にある

ボールを飛ばすのは腕力ではない。どんなときもクラブの能力を最大限に引き出すことを考え、体を上手に使おう。

ゴルフの非日常にひとつずつ慣れる ②

ハーフスイングでまっすぐ打つコツは、とてもシンプル。「まっすぐゾーン」をいつでも自然に通るスイングをすることに尽きる。特別な技術は必要なく、むしろ何かしようとして余計な力や動きが加わることで、ボールは思わぬ方向へ飛んでしまう。打球が思いどおりに飛ばなかったり、自分のスイングに違和感を覚えたりしたら、絶対感覚のルーティンに戻り、自分の体を“初期化”しよう。これが上達の最短ルートだ。

chapter 2

卒業試験

□

しっかり固定した
ゴムティーを打つ。
連続10回
(なければ貼りつけたテープを3回連続で取る)

□

目をつむったまま
ハーフスイングをして
ゴムティーを打つ。
連続10往復

この章の達成目標は、
ボールの位置にとらわれずにスイングできることにある。
「まっすぐゾーン」を通る途中にたまたまボールがあるという感覚を
身につけることが大切。
ゴムティーの上端を打つ動作を連続10回往復させるか
地面に貼りつけたテープを3回連続でこすり取るかできれば完璧だ。
できたら目をつむったままハーフスイングをし
ゴムティーの上端を打てるようになろう。

column

上達に必要な
たったひとつのこと

ゴルフが止まっているボールを打つ競技だからか「練習しなくてもうまくいく」と思っている人は本当に多く、練習場でもコースでも打つたびに首をかしげる人を大勢見かけます。でも、よく考えてみてください。たとえばギターやピアノなどの楽器も、最初は正しい音の出し方すらわからないはず。簡単な曲を何度も練習してようやく弾けるようになり、たくさんの曲を自在に弾けるようになるのは何年も先でしょう。つまり、うまくいかなくて当たり前なのです。ただゴルフの場合、莫大な時間を使って指先の動きを身につけるしかない楽器と違って、クラブの性能が強力にサポートしてくれます。だから、一定のレベルに達するまでが非常に早い。たとえば平らなマットの上でまっすぐ打つパターの練習を毎日数分間でもできたら、同じことをトッププロと競って勝つことだって夢ではありません。うまくなる人とそうでない人の差は、ほんのわずかなことの積み重ねでできるんです。

アイアンで飛ばすために

― クラブの性能を活かしたフルスイングとは ―

chapter

3

飛距離の7割は手にしたクラブが稼いでくれる

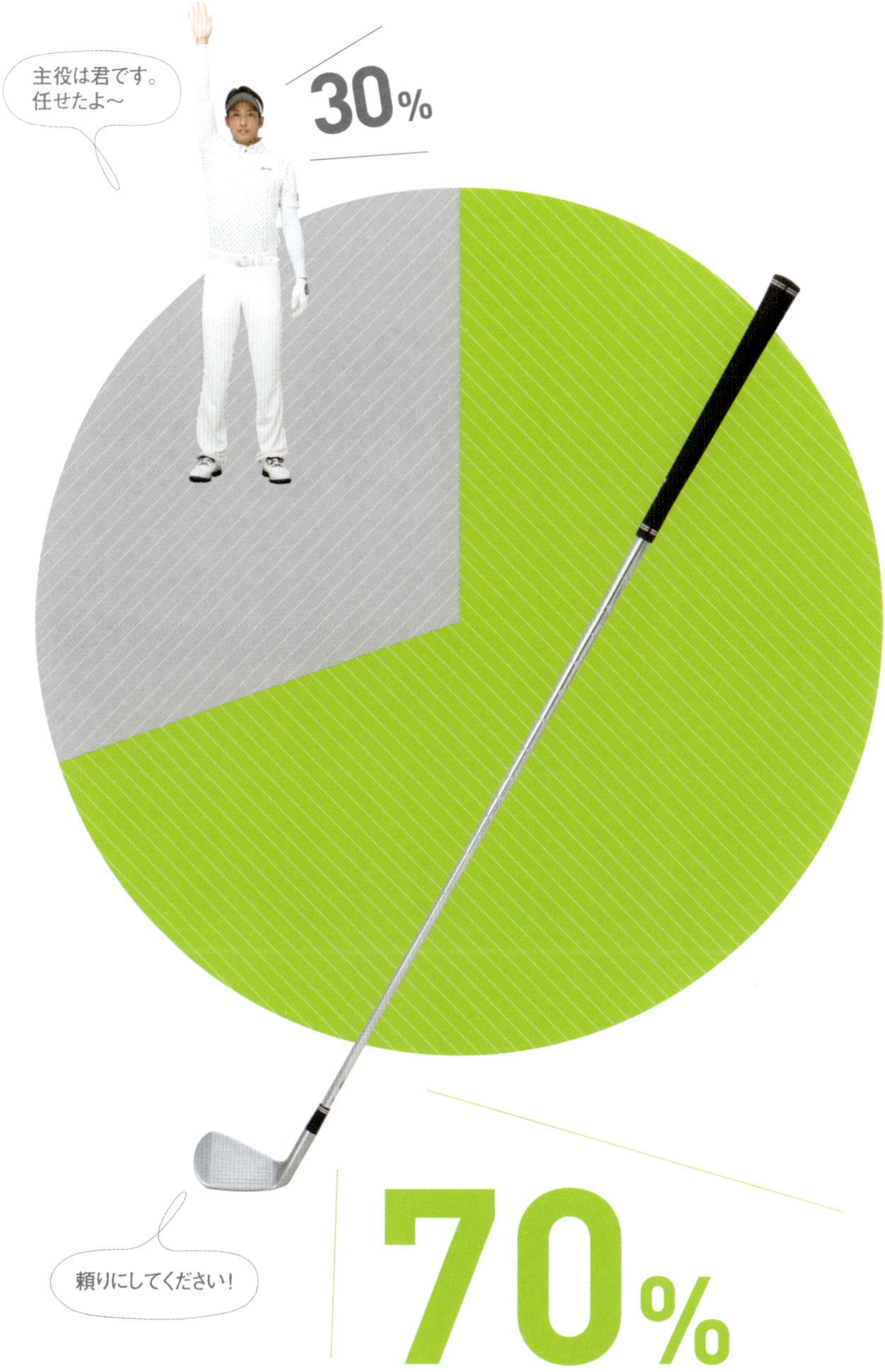
主役は君です。
任せたよ〜
30%
頼りにしてください！
70%

「自分の力で飛ばそう」と思うほどミスが増える

「より遠くへボールを飛ばしたい！」

これはだれもが一度は考えることでしょう。とくに経験の浅いうちは、プロが放つ300ヤードを超えるようなティーショットをテレビなどで観ると「自分もいつかは……」などと思いますよね。

一方で「無理だよなぁ」とか「あんなショットを出すには何か特別な技術が必要に違いない」と思われるかもしれません。

たしかに300ヤードを超すなら、相応の練習と経験、筋力トレーニングが必要です。でもクラブの適正飛距離までなら特殊な技術や力はいりません。むしろ飛ばそうとするほど、ミスの原因は増えます（P78参照）。

つまり、自分の力や技術で飛ばそうと思うほどクラブの動きをジャマしやすくなり、ボールは飛ばなくなるのです。こう考えてみてはいかがでしょう。

自転車のペダルは力強くこぐことで速さを増していきますが、車のアクセルは速く踏んでも力強く踏んでもあまり変わりません。むしろドライバーであるあなたに求められるのは、車の方向やスピードを適切に操作し、目的地までナビゲートすることです。

スイングもこれと同じで、あなたが手にしたクラブは最新技術が詰め込まれた、いわば精密機械です。**求められるのは、力を込めて打つことではなく、ボールの飛ぶ距離や方向を〝設定〟してクラブがスムーズに動ける〝通り道〟をつくる、たったこれだけなんです。**

絶対感覚によってナイスショット連発に

ここからは、クラブの適正距離まで飛ばすフルスイングが最短距離で身につく方法を紹介していきます。フルスイングはハーフスイングの延長線上にあり「まっすぐゾーン」を必ず通る、芯でとらえる、という基本は変わりません。

ただし決定的に違うところがあります。それは視界からクラブが消えること。クラブを振り上げ勢いを増して下りてくるとき、どんな状態になっているでしょうか。見えなくなるということは、それだけフェースの向きやスイングの軌道が、最初の〝設定〟から狂いやすくなるということ。しかも慣れない体幹の使い方まで入ってくるから、ここで足踏みする人が多いのです。

だからこそ大切なのが、磨き上げた絶対感覚。目に頼らなくとも確信できる感覚を身につけることで、迷うことなくフルスイングできます。

ナイスショット連発の日も、遠くありませんよ。

何があっても絶対に忘れてはならない3つのこと

1 地面近くで勝手にスピードが出る

スイング幅が広がれば、それだけ遠心力も増す。体幹を使ってクラブを上げ「まっすぐゾーン」を必ず通れば、クラブの重さでヘッドは自然に加速する。フェースも最初に設定した方向に戻ってくる。

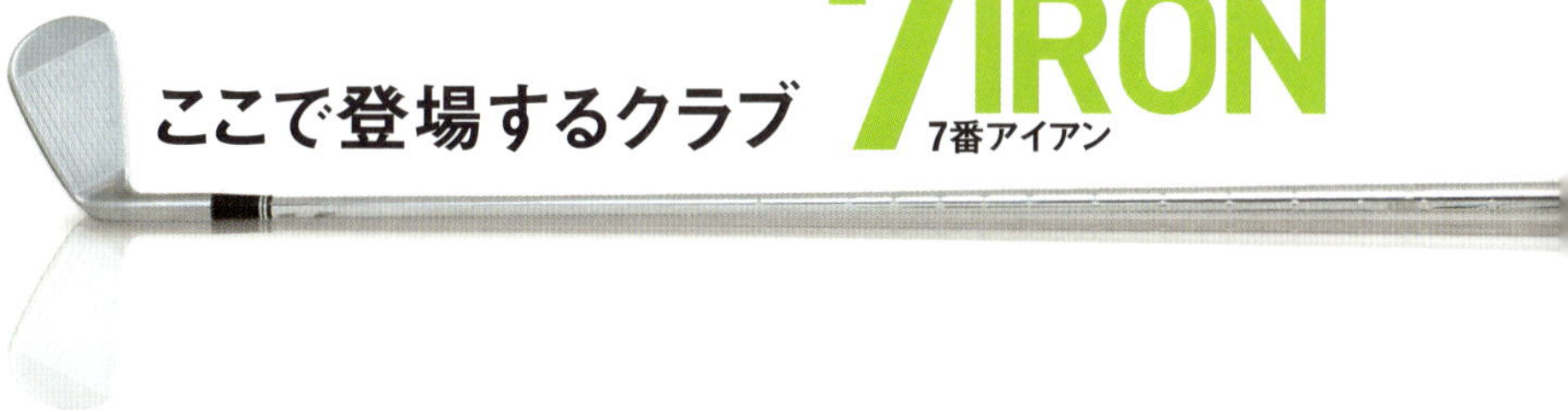

ここで登場するクラブ 7IRON
7番アイアン

SRIXON
1

2 フェースにボールが乗っかれば、まっすぐ飛ぶ

フルスイングした途端、ミスショットが増える人も多い。「まっすぐゾーン」を通過しているのであれば、フェースにボールが乗ったときの気持ちいい感触が得られるかを最優先しよう。この精度が高まらないかぎり、ミスは減らない。

3 スイングに“足し算”するとどんどん悪くなる

ボールが期待どおり飛ばないと、つい腰や手首の動きを加えるなどしたくなる。これがクラブの持つ機能をジャマし、泥沼にはまっていく。飛距離は少しずつ伸びるもの。妙なクセをつけてスイングがめちゃくちゃになる前に、これまで築き上げたことを思い出そう。

腰のキレでもっと遠くに飛ぶはず!

姿勢を安定させたまま胸と肩甲骨が動くことに慣れる

クラブと一体化させた腕を振るだけでいいのはハーフスイングまで。なぜなら、そこから無理に腕を高く上げても、クラブの下りてくる位置は安定しないうえ、ヘッドは加速しにくいからです。そこで活躍するのが体幹、おもに肩甲骨と股関節です。

「大木のイメージで胴体と脚は動かさないいんじゃないの？」

こう思われるかもしれませんが、大木だって台風のときはゆれます。**強い力が加わればしなる。このイメージで肩甲骨や股関節を動かします。**

ただ、これは日常生活にない動作なので、運動不足で肩が上がらない人や

動くイメージ

テークバックとは反対に、フォロースルーでは右側の肩甲骨が開く。体が硬いと、このスライドがうまくいかないので、ストレッチをしてスムーズに動くようにしよう

胸と背中がよく動き体幹はつられて動く
SIDE
左の胸が伸びて右の背中が引き伸ばされる
肩甲骨がスライド

筋肉が硬い人にはキツいでしょう。かといって腕や手首主導で上げたらブレやすくなるだけ。「まっすぐゾーン」を安定的には通せません。しかも**慣れるまではスイングの反動に引っ張られ、体幹を安定させるのもひと苦労です。**

そこでまずは体幹を安定させ、各部位が連動したスムーズなスイングをするためのストレッチをしましょう。

とくに意識したいのは肩甲骨の動きです。肩甲骨がなめらかに動けば、スイングスピードはみるみる上がります。

肩甲骨の動きがわかりにくい人は、胸が動くようにするとうまくいきます。その一方で体幹を大木のように安定させられれば、たとえ強い遠心力がかかったとしてもブレません。

この2つがそろえばスムーズなスイングができるようになるのです。

クラブにつられて

テークバックのときから胸と肩甲骨の動きを意識する。この場合、左側の肩甲骨が外側に開き、腕が少し伸びた感じになる。肩ではなく背中から腕が生えたイメージを持つと動きを感じやすい

胸と背中がよく動き体幹はつられて動く
SIDE
右の胸が伸びて左の背中が引き伸ばされる
肩甲骨がスライド

開いた肩甲骨が元に戻る。クラブを下ろすのと同時に、肩甲骨はスライドする

Step 1
体幹の動きで
ラクに打つ

体幹をゆるめる

基本姿勢

まずは体幹全体を動かして、ゆるめよう。腕を胸の前でクロスさせ、足を肩幅に開いてまっすぐ立つ。これで基本姿勢はOK。意識したいのは背骨の動きで、よく動くようになると肩甲骨や股関節も動きやすくなる。

参考文献：『5つのコツで
もっと伸びる カラダが変わる
ストレッチ・メソッド』
（高橋書店）

胸を左右にねじる

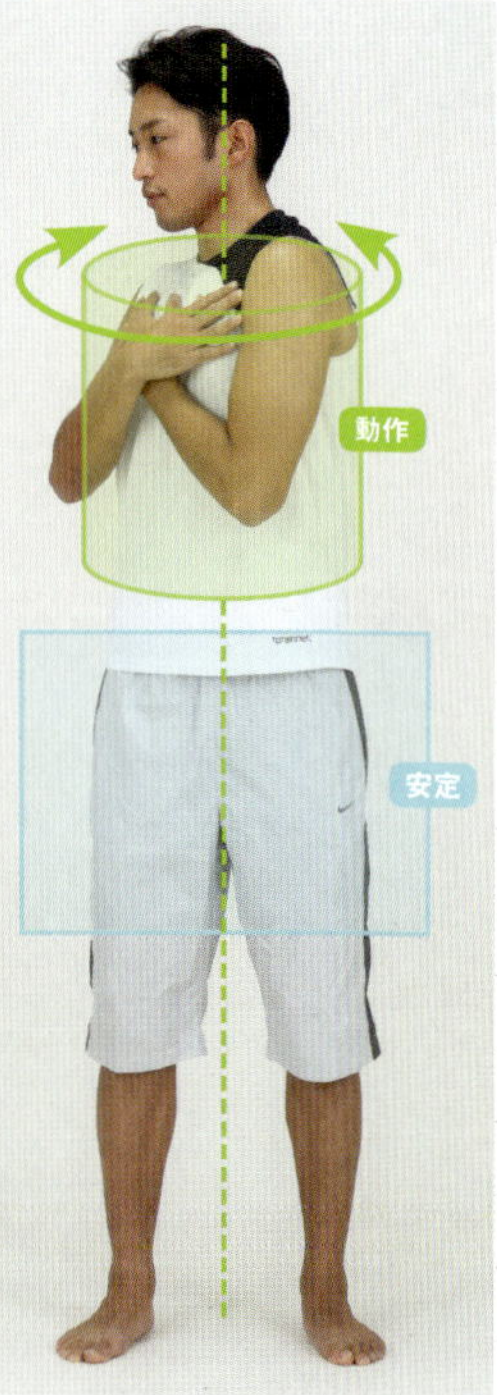

下半身は動かさず、肩と胸をいっしょに水平にねじる。下半身とともに回すと体幹はあまり動かないため、効果がない。うまくできないときは、椅子に腰かけてやると実感しやすい。

回数 左右5往復

胸を左右に回す

下半身は動かさず、みぞおちのあたり（腕がクロスする位置）を中心に左右に回す。うまくできないときは、みぞおちの高さのわき腹に指を当て、そこを伸び縮みさせよう。

回数 左右5往復

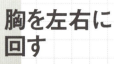

腰を左右に動かす

ここからは、おもに股関節周辺を動かす。これまでとは反対に、みぞおちから上は固定し、その下の背骨を左右に曲げる。腰につられて上体が傾くと曲がらないので注意しよう。

回数 左右5往復

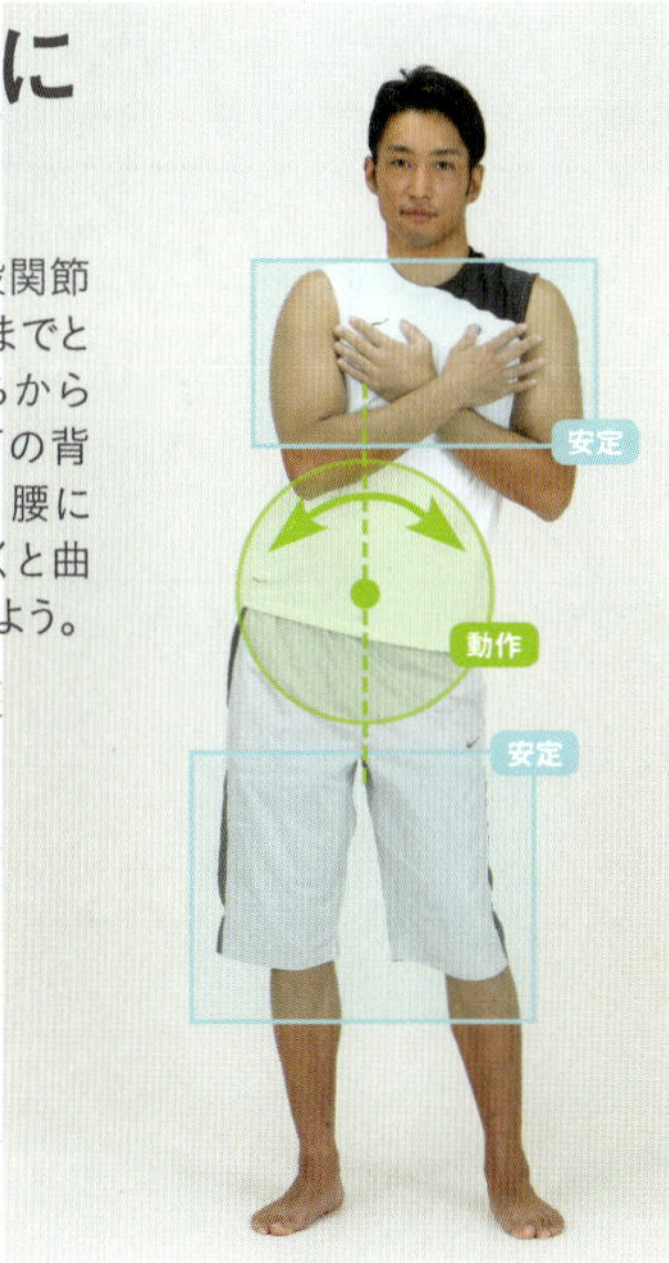

胸を前後に動かす

下半身は動かさず、みぞおちのあたり（腕がクロスする位置）を中心に背中を丸めて反らせる。おじぎのようになると体幹は曲がらない。おへそをのぞきこむようにしよう。

回数 前後5往復

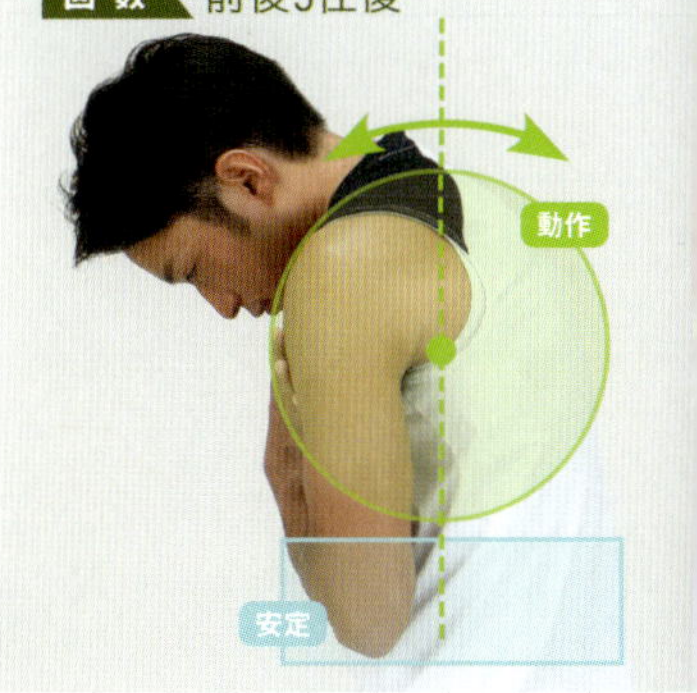

これで体幹準備はOK!

背骨まわりがよく動くように

背骨やその土台をなす骨盤まわりがよく動くようになると、しなやかに体を動かせる。逆に胴体部分が動かないと、手首や腕だけの動作になりがち。続けることで体幹がスムーズに動き、大きく伸びやかなスイングができるようになる。

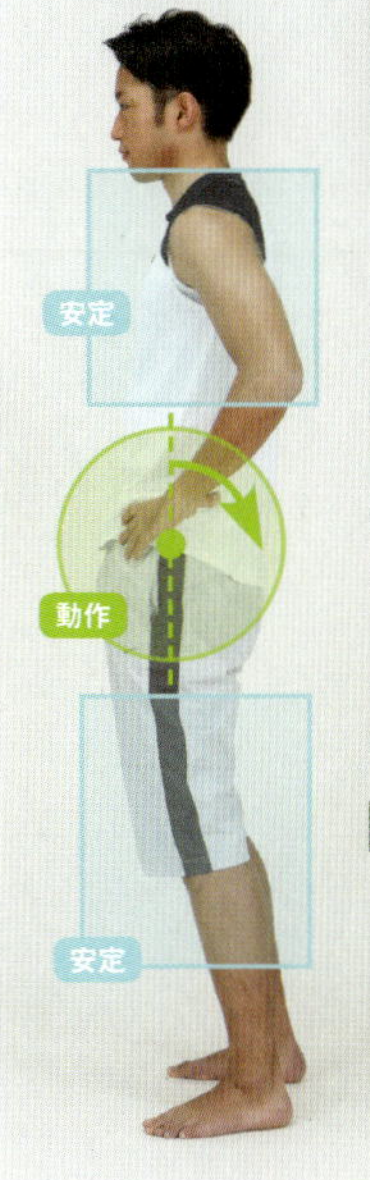

腰を前後に動かす

両手を腰に添え上半身と脚を固定し、おへそを前に突き出す。このとき胸を張ると骨盤と背骨がより動くように。次に上半身が後ろに倒れないように、腰を後ろに傾ける。これを繰り返そう。前後どちらの動きも上半身を固定し、ひざも曲げないのがポイント。

回数 前後5往復

肩甲骨まわりをゆるめる

Step 2
体幹の動きでラクに打つ

これで肩甲骨はOK!

テークバックがラクになる

肩甲骨の役割は、肩を腕の延長のごとく使えるようにすること。肩甲骨まわりが硬いとクラブを上げるときに違和感を覚えるが、じつはこれが腕の力みを生む原因にもなっている。うまくほぐせば、腕をつけ根部分から大きく動かせるようになり、自然と大きなスイングができるようになる。

肩甲骨を上下させる

「肩甲骨を動かす」と言われると難しく感じるかもしれないが、要は肩を大きく動かすということ。最初は肩をできるだけ高く上げ、ストンと落とす動作を繰り返してみよう。ここがほぐれると腕がラクに大きく動くようになり、ムチのようなしなやかさが身につく。

回数　上下5往復

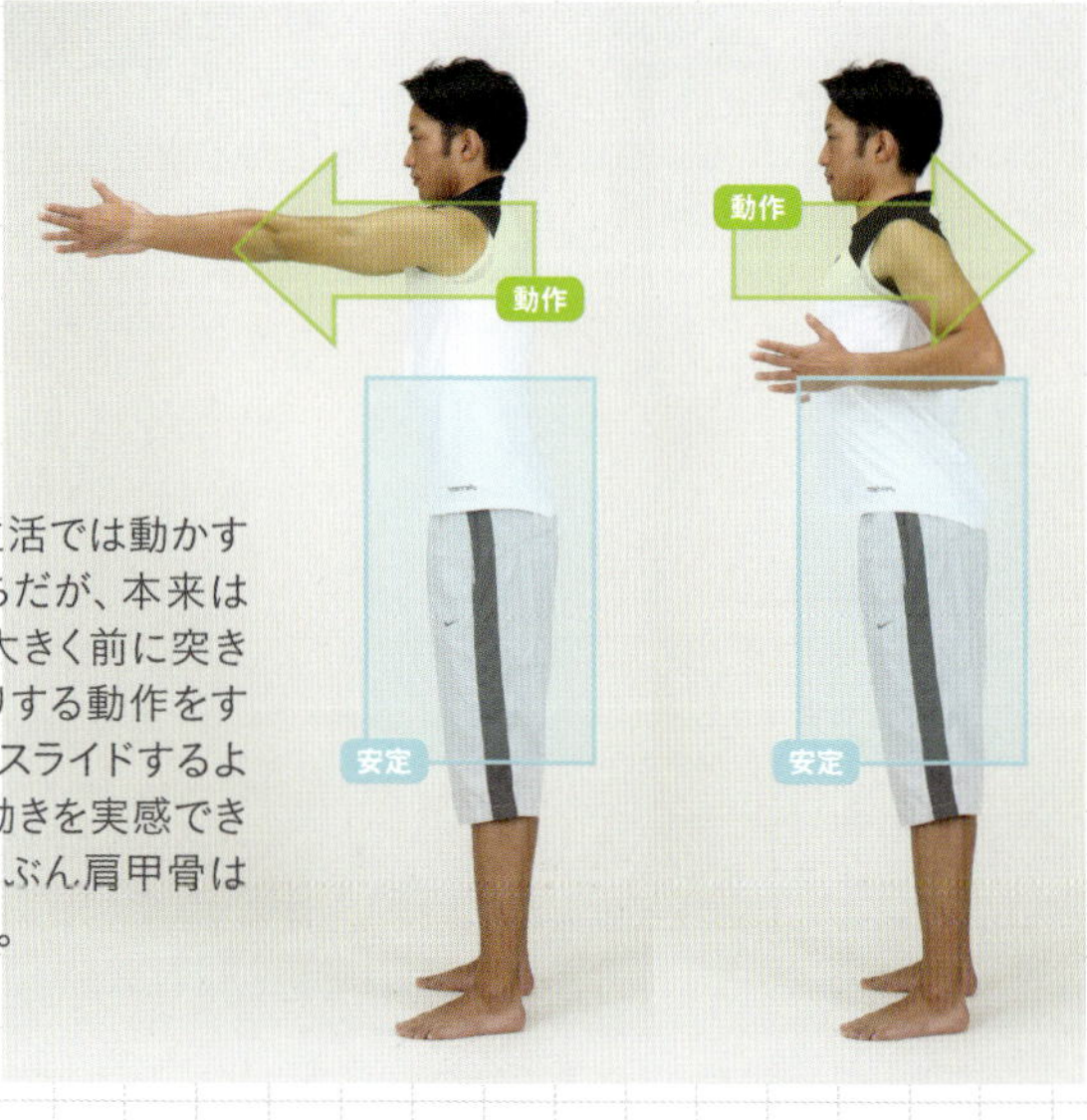

肩甲骨を前後させる

肩甲骨まわりの筋肉は日常生活では動かす機会が少ないため固まりがちだが、本来はかなり大きく動く部位。腕を大きく前に突き出したり、後ろに引っ込めたりする動作をすると、左右の肩甲骨が背中をスライドするように離れたり近づいたりする動きを実感できるはず。下半身が動くと、そのぶん肩甲骨は動きにくくなるので注意しよう。

回数　前後5往復

Step 3
体幹の動きでラクに打つ

股関節まわりをゆるめる

腰を前後と左右に動かす

スイングには股関節の動きも大きく関係する。腕や肩甲骨がよく動いたとしても、ここの動きが悪いと一連のスイング動作にブレーキがかかる。股関節は本来あらゆる方向に動く球状関節なので、前後左右に動かして柔軟性を取り戻そう。上半身と下半身は安定させ、腰を突き出すように動かす。

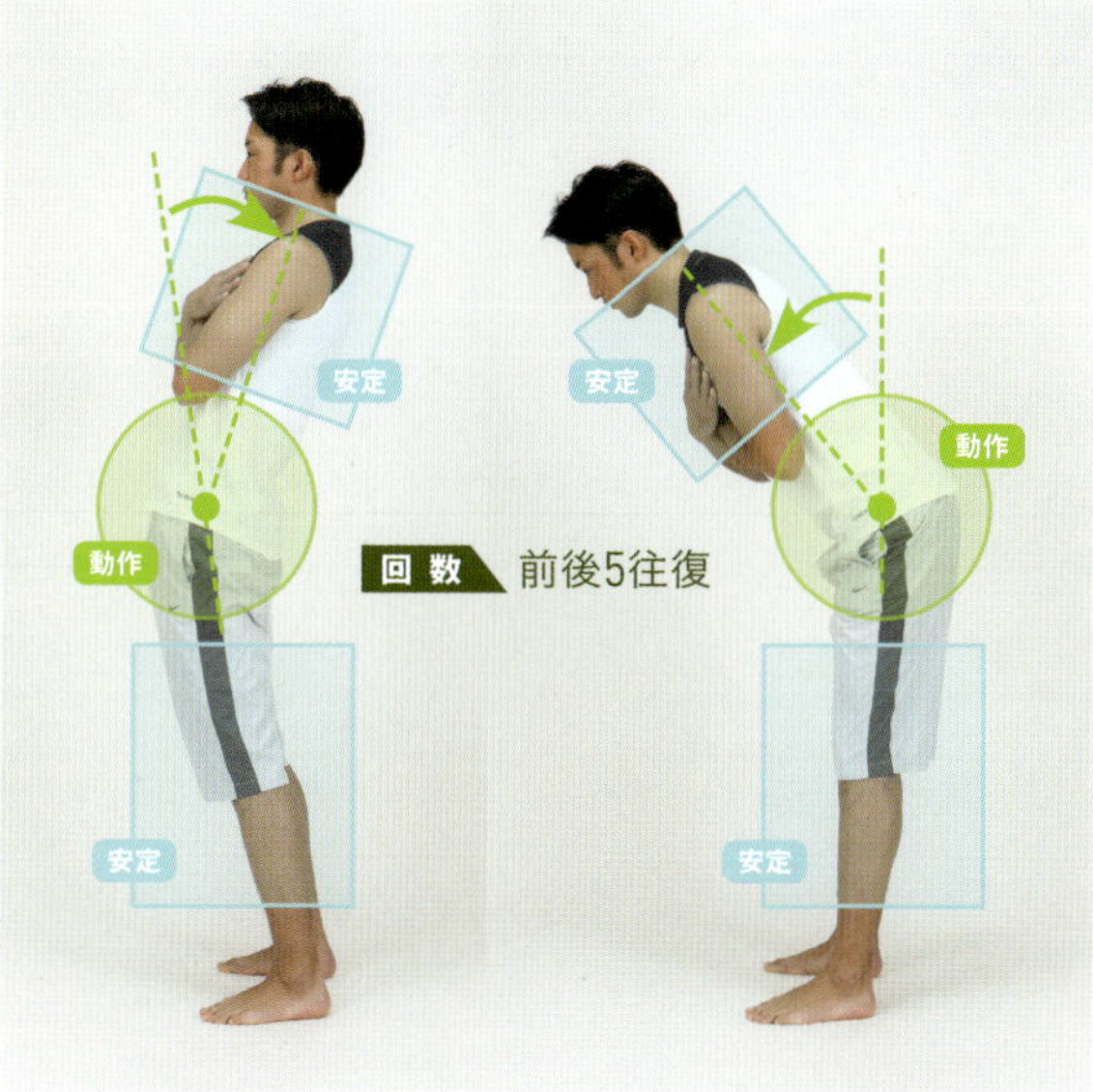

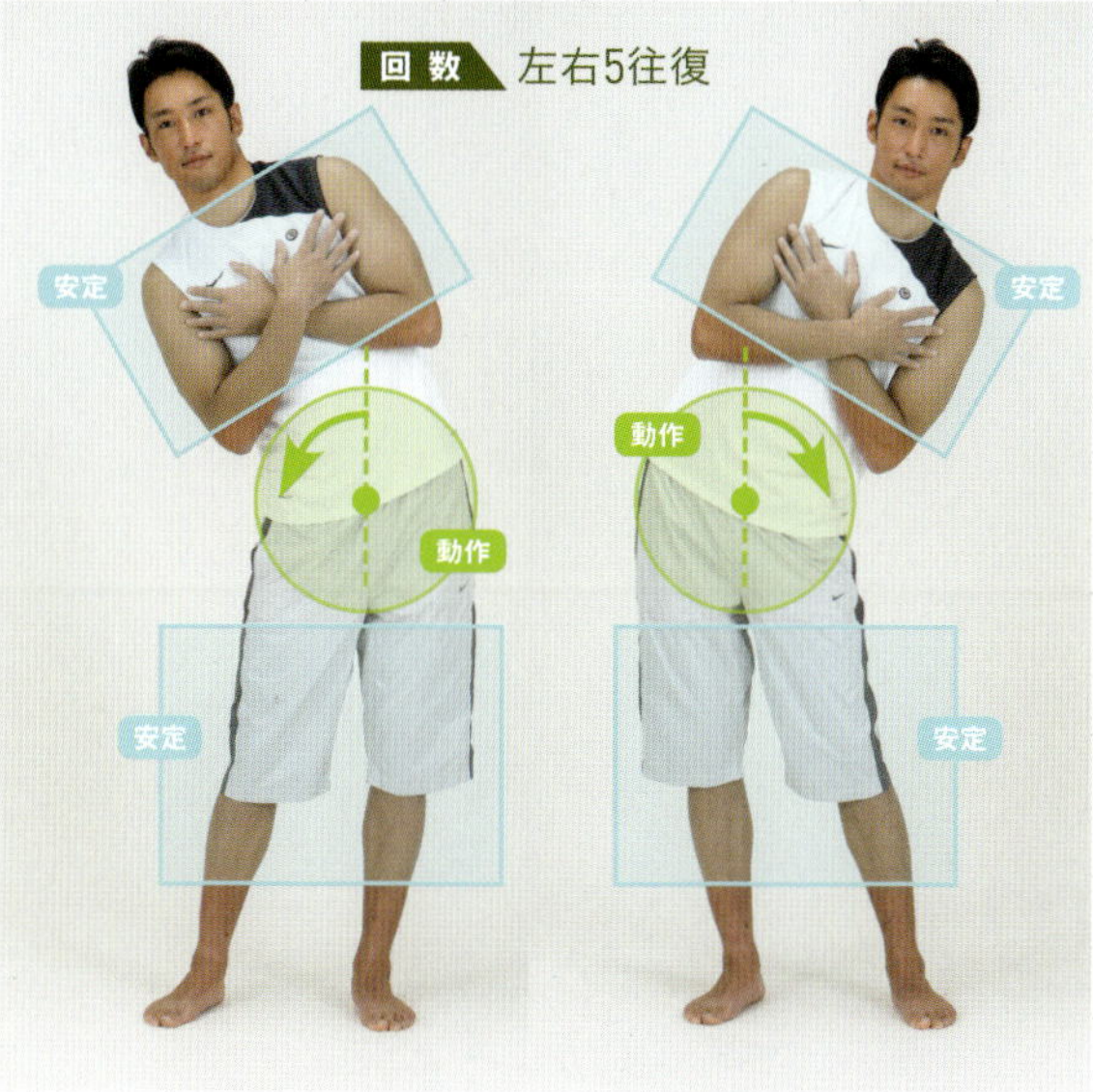

これで股関節はOK!

スイングがなめらかに力強く

ムチがしなるような大きく力強いスイングをするには、下半身はどっしりと安定させながらも、なめらかに動くことが必要。ここの動きが悪いとスイングが崩れ、逆にうまくなめらかに動くとムチの手元のように力を発生させて、体感する以上に鋭いスイングができるようになる。

体幹すべてを連動させる

Step 4
体幹の動きでラクに打つ

体の側面を伸ばす

最後は肩甲骨、背骨、股関節と、体幹全体を連動させてみよう。両腕を上げ、片手でもう一方の手をつかんだら、体全体がしなるように左右に大きく傾ける。肩甲骨、背骨、股関節と、それぞれの部位が連動するのを感じられるはずだ。

回数 左右5往復

これですべてOK!

スイングが自然に大きく速くなる!

体を動かしてみると、新鮮な感覚を得られた部位もあったはず。いかに日常生活で多くの筋肉が使われず、関節も固まった部分があるかがわかるだろう。動かしにくい部位や動かしにくい側があったら、表記してある回数にこだわらず何度でもやっておくべき。スムーズに動かない部位が減れば、そのぶんだけスイングがブレて減速する部分を減らせるのだ。

体の各部位にある関節がうまく可動しなければ、筋肉が無理をして補うしかありません。その筋肉が動かなければ、別の筋肉が無理をして代用する。これは無意識に、さまざまな部位に余計な負荷がかかるということです。

プロや上級者はこうした体の動きにとても敏感で、スイングをジャマする動きを修正します。そして何万回とスイングすることで、体にしみ込ませつつ足りない筋肉を補い、ついには自動的にできるようになるのです。

でもみなさんは、そこまでの労力はかけられないですよね。でしたら体幹ストレッチを習慣化して、動きの悪い部位を減らしましょう。ひとつ減るごとにスイングがなめらかになり、知らぬ間にスイングが速くなっているはずです。

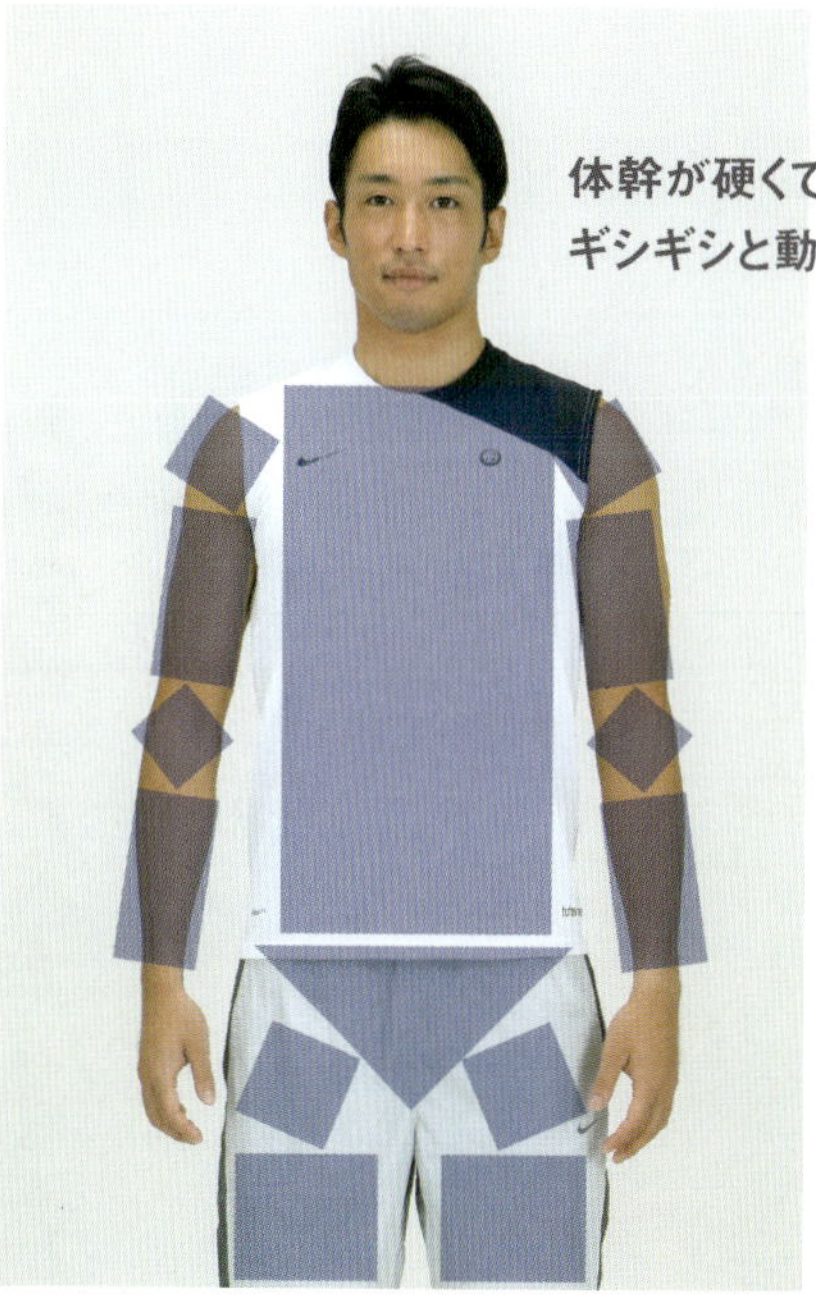

**体幹が硬くて
ギシギシと動いていた人も…**

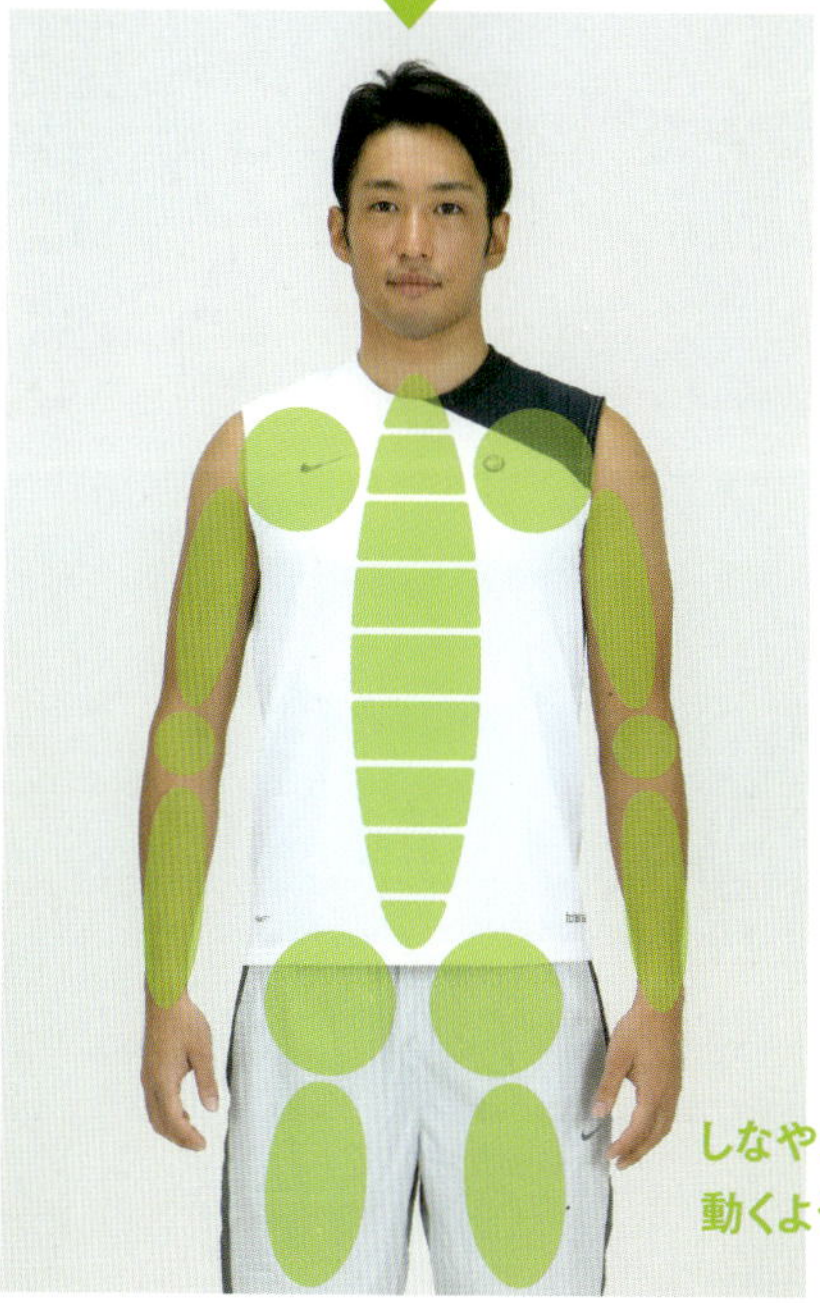

**しなやかなムチのように
動くようになる！**

5分で
まっすぐ飛ぶ
1

クラブ全体の重さをより強く感じながら上げる

最初はテークバック（クラブを上げる動作）から見ていきましょう。

最重要ポイントは、クラブ全体の重さを感じることです。

フルスイングとなると、スイング幅は2倍以上になるほか、フェースの向きも勝手に大きく変わっていきます。しかも自然にスイングが速くなる。そうすると、どうしてもボールに当てようとする意識が強まり、手元でスイングの軌道を調整しがちになるのです。

これを防ぐためにも、まずクラブ全体の動きをより強く意識しましょう。

クラブは振り回す道具ではなく、信頼できる強力なパートナー。動きを**意識**

ヘッドの重みに負けない ギリギリまで力を抜く

“フルスイング”と言われると、どうしても力が入りがち。でも「力を抜け！」と言われると、完全に脱力して手元ばかり動いてしまう。そんなときは、これ以上力を抜いたらヘッドが左右に回ったりシャフトが寝たりする手前くらいまで力を抜こう。パートナーであるクラブを握って力を伝えるのではなく“信頼”を伝えるくらいでちょうどいい。そうすればクラブは必ず、その気持ちに応えてくれる。

することで、クラブに設計されたシャフトとヘッドの重さの差が自動的にはたらき、ヘッドは勝手に加速します。

クラブを上げるときも、手首に要注意です。**手首だけ急に動かすとひねりが加わりやすく、フェースの向きがズレてまっすぐ飛ばなくなります。**手首は自由度の高い関節。裏返せば、それだけちょっとした動きの影響すら受けてしまう、つまりブレる原因をつくりやすいんですね。

不自然なクラブの上げ方をすると、以降すべての動作に狂いが生じる確率が一気に高まります。その後の動作がいかにスムーズでも、価値はゼロ。

まず手首や腕には力を込めず、クラブの重さを感じます。それから背中や胸の筋肉を使って肩甲骨の動きを感じながら、ゆっくり上げていきましょう。

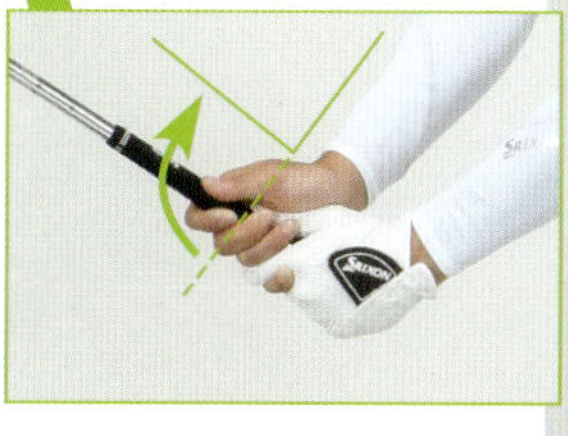

右腰あたりに腕がきたら、少しずつ手首を使ってクラブを上げる。目安はシャフトが垂直になるくらい。1や3の段階で、いきなり手首で上げると、構えた位置に戻る確率が著しく下がる。

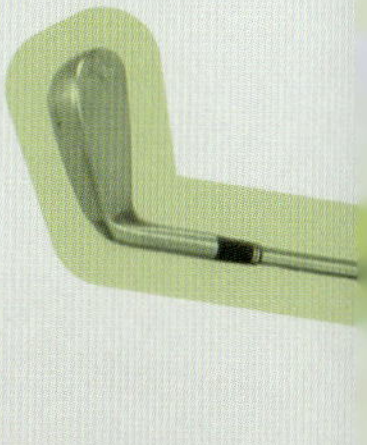

5分で
まっすぐ飛ぶ
2

構えた位置に戻すようなイメージで下ろす

引いたブランコを離すイメージで

だれも乗っていないブランコの座面を引き上げ（テークバック）、離す（ダウンスイング）。このシンプルなイメージなら途中で手首や腕に余計な力が入らなくなる。するとクラブの重さで自動的に加速しながら落下し、「まっすぐゾーン」を通過する確率もアップする。

次は、ダウンスイング（クラブを振り下ろす動作）です。

テークバックでつくったクラブの通り道を戻るように、肩甲骨と胸の動きを感じながら下ろしてみましょう。**はじめはスイングするというより引き上げて離すイメージでやるとスムーズです。慣れてきたら腕の重さで加速させます。**

クラブを上げるときも下ろすときも、肩甲骨が動いていれば左右の腕の間隔は変わらないはず。ここが開いたり閉じたりするようなら、腕の力でクラブを動かしているため軌道はブレやすくなります。同様に、体が先行したり大きく体重移動したりすると脚の間隔が変わり、スイングの土台が崩れます。

ここでは、まだ速く振る必要はありません。あせらず気負わず、大きく振り上げても必ず「まっすぐゾーン」を通ることを優先しましょう。

Let's try it やってみよう

ひもの幅をキープしてスイング

なめらかなスイングをするには、腕や足の幅を一定に保つことが大切。構えたら、幅をキープするように、ひもを巻いてみよう。クラブの動きにブレを生じさせるような動作が少しでも加わると、すぐにひもは落ちる。

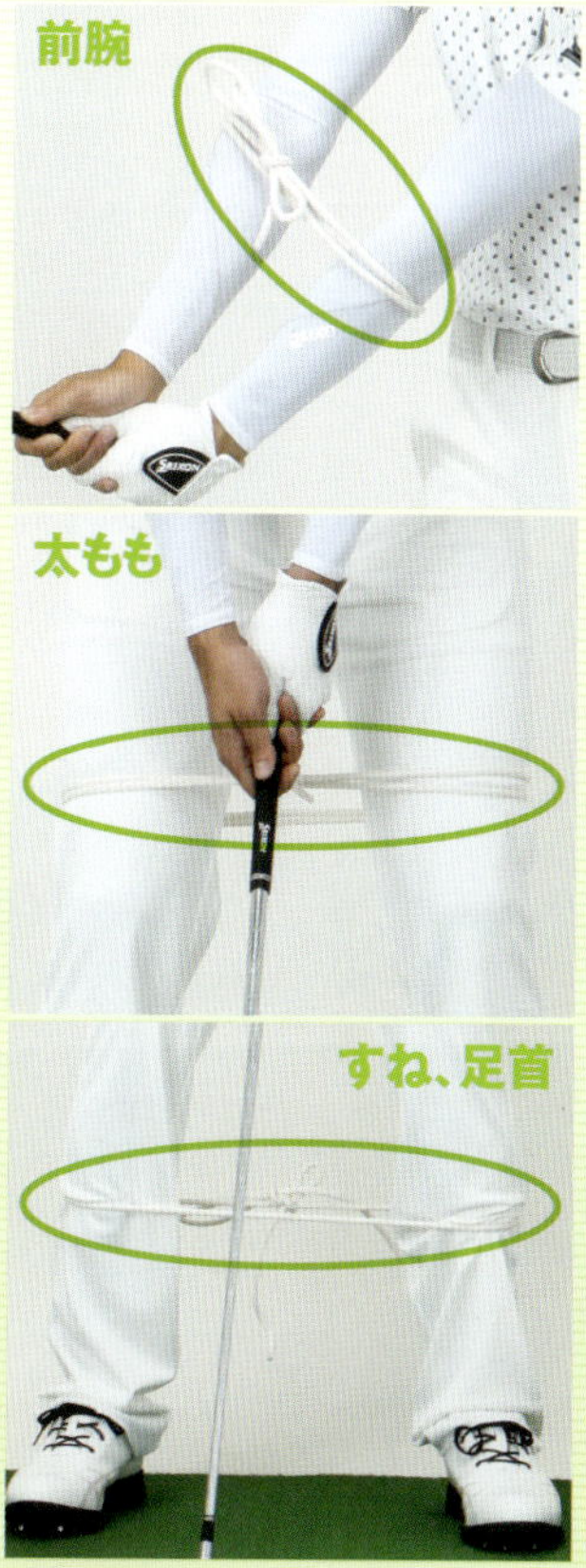

目標

ひもがはずれないように10往復（腕、脚、両方の順におこなう）

5分でまっすぐ飛ぶ 2

ハーフスイングまでは問題なくできたのに、フルスイングをした途端うまくいかなくなるケースは本当によくあります。

原因は、クラブが自分の視界から消えるから。見えなくなることでヘッドの軌道をイメージできなくなるんですね。

こんなときは、トップまで上げたらヘッドを見ましょう。そしてヘッドが元の位置に戻る〝設定〟が守れているか確認するのです。この設定を体に覚えこませれば、ラクに大きいスイングができるようになります。

このとき注意すべき点は3つ。まずはフェースの向き、そして左腕と「まっすぐゾーン」の関係、最後がグリップエンドの向きです。これらをガイドにすれば格段にうまくいきます。

クラブをトップまで上げたら、目で確認しながら一つひとつ基準を合わせます。慣れてきたら意識して調節しなくても合うようになります。**クラブを上げるまではすべて自分でコントロールできるぶんものすごく大切なので、集中してやりましょう。**

プロでも、その日の体調や天候によって感覚はズレます。でも見た目のかたちは変わらない。ミスショットが出てもスイングを疑わず、まずこのように見ためと感覚が合っているかの確認をしましょう。

「まっすぐゾーン」と左腕が平行

クラブをトップまで上げたとき、左腕が「まっすぐゾーン」に対して平行になっていれば、そのまま下ろしても「まっすぐゾーン」を通る確率が高い。

Let's try it やってみよう

すばやいスイングを繰り返す

うまくいかないとしたら、必要以上に腕に力が入ったか、脱力しすぎてヘッドの重みに負けている。こんなときはクラブを逆さに持ち替えると、適度な力が全体に入らないかぎり速く振れないため、正しい力加減が自然に身につく。

目標 リズミカルに10往復

見ためのポイント 1

上げきったときのフェースがこう見える

フェースが斜め45°くらい上を向いた状態が理想的。この状態から構えた位置にヘッドが戻れば、フェースは自然と正面を向く。

感覚のポイント

クラブが軽く感じる

見ためのポイント 2

グリップエンドが「まっすぐゾーン」の延長線を向く

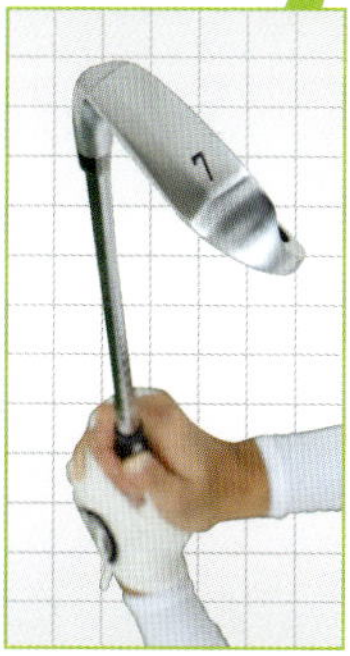

「まっすぐゾーン」をうまく通せないときは、グリップエンドがゾーンの延長線上をなぞるような感覚でスイングすると合わせやすい。

5分でまっすぐ飛ぶ
3

スイングを大きくしても「まっすぐゾーン」を必ず通す

スイングの幅が広がったり速く振ったりすると、構えた位置にヘッドが戻らない気がして「当てよう」という意識が強くなりがちです。そうなるとスイング中に手首をこねるなど小手先で軌道をコントロールしがちで、結局ミスショットが増えます。

フルスイングでもハーフスイングと同じ。**ボールを一点集中で見るのではなく「まっすぐゾーン」の幅を通るよう意識しましょう。腕に力を込めず左右の胸と肩甲骨が動くように振れば、通る確率は上がります。**

「まっすぐゾーン」で大切なのは、左右の足の幅で毎回同じ位置を通るかどうか。そこから先は、**頭を動かさず目でヘッドを追ったときに、だいたいまっすぐ動いているように見えればOKです。「カーブを描く？」「最後までまっすぐ？」などと考えるのはやめましょう。**

「まっすぐゾーン」はまっすぐじゃないけどまっすぐ?

スイングの軌道を頭上から見ると、ゆるやかなカーブを描いている。だが本書では、ずっとまっすぐと紹介してきた。理由は、ヘッドの高低差にある。ヘッドは、体の正面では低い位置だが左右にいくと上がるため、軌道はまっすぐに近い見え方をする。

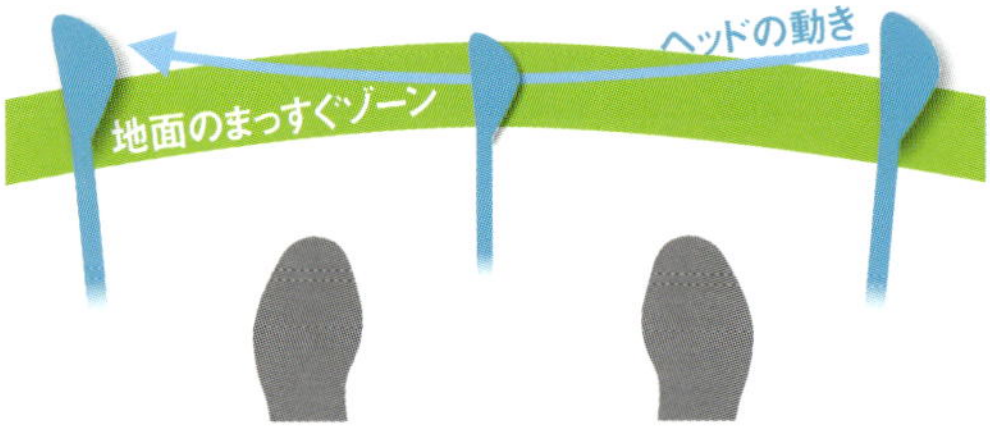

Let's try it やってみよう

フルスイングで「まっすぐゾーン」を通す

クラブをトップまで上げても正確に元の位置に戻せるようになったら、そのまま前方に振り抜いてみよう。クラブを振り抜くときだけでなく、後方に振り戻すときも同じように「まっすぐゾーン」を通す。

目 標 連続10往復

ボールを置いても ゾーンを通すだけ

フルスイングでも、「まっすぐゾーン」の通し方は変わらない。ボールに当てにいくのではなく"ゾーンの途中にたまたまボールがあった"感覚でインパクトするのがコツ。慣れてきたら、インパクトの直後の軌道（フォロースルー）も「まっすぐゾーン」の延長を走るようなスイングができると、さらに精度は上がっていく。

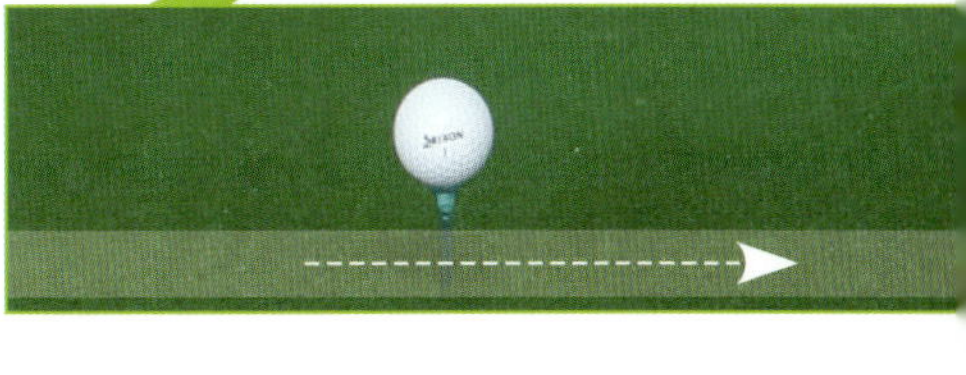

5分でまっすぐ飛ぶ
4

「まっすぐゾーン」をすぎたらクラブを前に放るイメージで

コンスタントに「まっすぐゾーン」を通るようになったら、今度は通した後（フォロースルー）もスムーズに振れるイメージをご紹介します。

上げるときと違って、下ろしてからは簡単。テークバックのときのようにいろいろな〝設定〟をしてあげる必要はありません。**「まっすぐゾーン」を通過したら「これ以上体を正面に向け続けるのがキツい」というときに、おへそを前に向けるだけでいいのです。**クラブをまっすぐ前に放り投げるイメージで振ってみましょう。

ここでもやはり大切なのは〝クラブ全体の重さ〟を感じる（P98参照）こと。

「まっすぐゾーン」を通るところに下ろす

振り上げたときの軌道を戻るイメージで下ろす。視線はボールではなく、「まっすぐゾーン」全体をぼんやりとらえる感覚を大切に。

腕に力を込めると、ボールに叩きつける動きになりがちで、前に放るイメージはつかめません。**肩甲骨から大きく振って、その勢いを殺さない感覚。これがつかめればボールに伝わるパワーが増します。**

「まっすぐゾーン」を正確に通したらクラブを前に放り投げるイメージで

クラブの重みを感じながら「まっすぐゾーン」を通せれば、自然と体が回転して前を向くはず。あくまでクラブの動きに合わせることが大切だ。

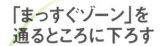

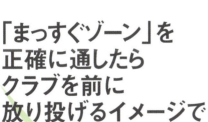

1 最初は短いタオルで慣れよう

長いタオルを振るにはコツが必要なので、まずは短いタオルで練習しよう。振ったときに先端が走る感覚がわかればOK。ただし“走らそう”と意識すると逆にうまくいかなくなるので、あくまでタオルが伸びたまま振ることに集中しよう。体幹と腕の動きも合ってスムーズになる。

2 バスタオルでスイングのコツを身につける

クラブの性能を活かしたスイングする感覚を養うには、バスタオルスイングが効果的。先端（ヘッドにあたる部分）を結んでスイングと同様に振ってみよう。腕の力だけで振るとタオルの軌道が上下し、体をゆらしすぎるとリズミカルに振れなくなってしまう。タオルがたわまないように、背中と胸の動きを意識して大きく振るのがポイント。

「まっすぐゾーンを通す」習得

ここまでフルスイングでのポイントを紹介してきました。スイングに慣れていない人は肩甲骨や股関節の動きに驚くかもしれません。経験者なら「こんなに力を使わないの？」と戸惑うでしょう。

ご安心ください。最短距離でまっすぐ飛ばせるようになるには、まずクラブがいつでもラクに通る通り道をつくり、クラブの性能が活きる状態にたどり着くことが必要なんです。これができないかぎり打球は安定しません。

そのためには、ある程度の回数をこなすべき。でも練習場に足しげく通うのは億劫ですよね。ここでは、そんな人におすすめのドリルを紹介します。お風呂の前に数回振るだけでも上達するので、ぜひ試してみてください。**うまく振り続けられるようになれば、スイングスピードも上がりますよ。**

Let's try it やってみよう

バスタオル連続スイング

連続振りして最後にバスタオルを前に放り投げたとき、前方にまっすぐ飛んでいけば正しいスイングができた証拠。上や背中側に飛ぶ場合は、飛ばそうとしすぎて体がねじれている。下に飛ぶ場合は、ボールに当てようとしすぎている。

目標 最初は腰から腰、できたらフルスイングで連続10往復

足の幅を調整して症状を改善

体幹を意識してスイングしても、姿勢が正しくないとタオルはたわんでしまう。うまくいかないときは、足の幅を見直してみよう。行き（ダウンスイング）でブレる場合は、足を閉じる。逆に帰り（テークバック）でブレる場合は、足を開いてみるとうまくいきやすい。

フェースにボールが〝乗っかる〟感じをつかむ

ここまでの〝やってみよう〟の目標を完全にクリアしていれば、「まっすぐゾーン」を通すためのしっかりとした長いレールができたはずです。

このレールを毎回通しつつ、次はインパクトで味わえるいい感触を覚えましょう。ハーフスイングのときと同じように、ボールがフェースに〝乗っかる〟感じ（P74参照）がわかればOKです。

フルスイングになると、芯に当たらなかったときの感覚がぜんぜん違います。スイング幅が大きくなるぶん手応えも大きくなると思いがちですが、芯でとらえられればむしろ逆。手応えが大きいほど芯をはずして打っています。

いちばん多いのが、フェースが開くミス。打った後、ボールが右や左へそれるようなら、トップでフェースが正しい方向を向いているか（P102参照）、もしくはダウンスイングのときにボールに当てようとして手首でヘッドの位置を微調整していないか、もう一度確認してみてください。

芯でとらえられれば、フルスイングでもほとんど抵抗なく、ボールを飛ばせます。ここまでくればスイングの完成まで、あと一歩ですよ。

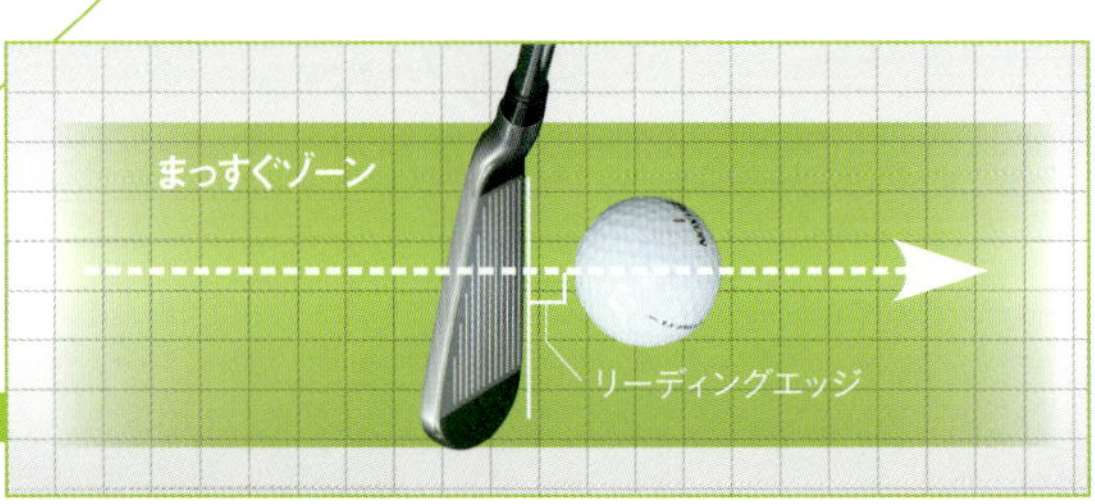

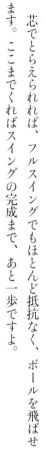

Full swing!

Let's try it やってみよう

“乗っかる”
“乗っからない” を知る

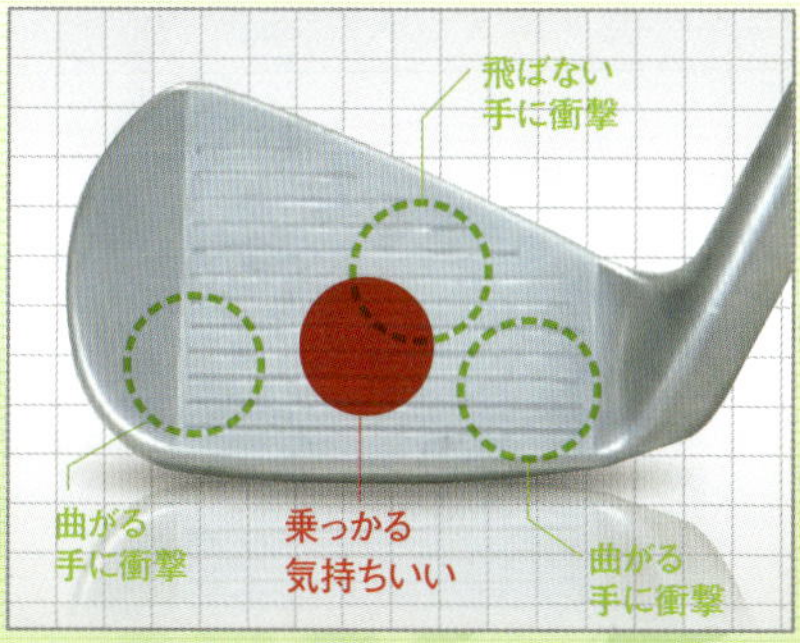

ゆったりスイングしていたとしても、インパクトの瞬間を目でとらえるのは難しい。そんなときは打ったときの感触とボールの方向で判断しよう。打感がなければ芯に当たっているが、手に衝撃があったりボールがいきなり曲がったりする場合は芯でとらえていない。

目標 5回連続、いい打感を得る

「芯でとらえる」習得

フルスイングの習得度
100%
MASTER

飛距離を伸ばす

1

ほんのわずかな体幹力がボールを遠くへ運んでくれる

ここまでハーフスイングで30ヤード、フルスイングで60ヤードを飛ばすことを目安にしてきました。

しかし7番アイアンの適正飛距離は120〜140ヤードです。今まではその半分程度ですが、これは最短ルートで安定してまっすぐ飛ばすことだけを考えてきたため。この打ち方でうまくいかなければ、まっすぐ飛ばし続けられるはずがありません。

60ヤードの内訳を簡単なイメージであらわすと、腕の力で10、重力で30、遠心力で20ヤード程度。**腕に入るのは、「まっすぐゾーン」を正確に通すためにガイドをする程度の力です。**あとは

普通のスイング

60yard Full Swing

＝

腕の力　10ヤード

腕はあくまでスイングするためのガイドにすぎない。力を込めても飛距離はそう伸びず、左右にブレるだけ。

＋

重力　30ヤード

ヘッドの重みによる落下運動がスイングを加速させる。これが飛距離の約半分を稼いでくれる。

＋

遠心力　20ヤード

重力のほかに遠心力もインパクトに力を与える。スイングの軌道がなめらかなほど、遠心力も大きくなる。

高い位置にクラブを上げて下ろすときの重力と、それにともなって発生する遠心力が距離を稼いでくれます。腕のガイドと物理的な力だけなので、ヘッドの通り道をジャマする動きは入りにくいのです。

でもクラブの適正飛距離を出すには、わずかな体幹力がからんできます。

体重50kgの人の腕の重さは3〜4kg。対して体幹は20kg以上あります。単純比較はできませんが、利き腕が全力で出すパワーを、体幹を使えば2割以下の力で出せる可能性を秘めています。

つまり**体幹は、あなたの体に備わったブースターのようなもの。**わずかと感じる程度の力でも、うまく使えば重力や遠心力を増してスイングのパワーを一気に上げ、飛距離を倍以上にできるのです。

わずかな体幹力が飛距離をつくる

体幹はすべての動きの基本。わずかに動かすだけでも重力、遠心力に作用するため、結果的に爆発的な力を得られる。各部位のパワーを、土台から末端まで連動させるスムーズな動きがボールを飛ばすのだ。

大きなパワーを生む!

タイミングが大事

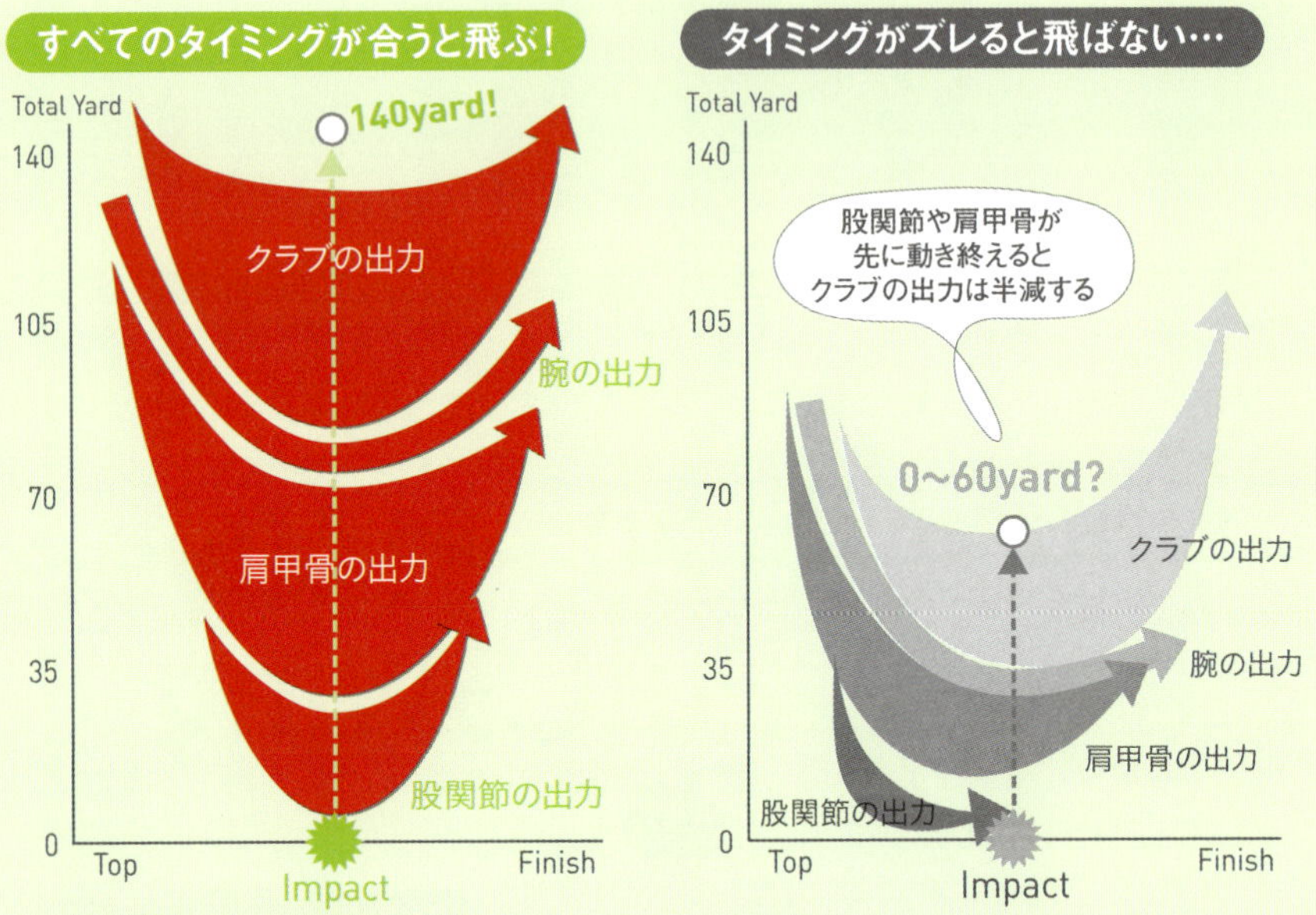

体幹力を最大限に発揮するためにまず意識したいのが、大きく動く上半身を下で支える股関節。ここがスムーズに動くことでスイングが大きくなり、わずかな力でクラブを含む各部位のスピードが上がります。

もうひとつ大切なのが肩甲骨。大きく動かすことで腕の可動域が広がって振り幅が大きくなるほか、わずかな力を加えることでスイングスピードが上がります。そしてこれに背骨が連動することで体幹力が積み重なり、腕のスピードを上げてクラブのスピードを倍増させるのです。

飛ばそうと意識すると、どうしても利き腕に力が入りやすくなります。パワーを発揮した〝気分〟は味わえますが、一部分に突出した力が加わることで、むしろ全体の連動は失われ、スイングは減速してしまいます。

わずかな力の積み重ねが

腕と脚で
ロスすることなく
クラブに伝え

体幹の動きが
パワーを生み

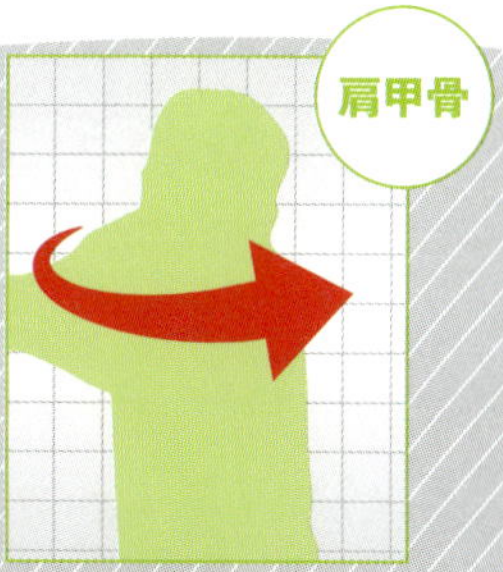

肩甲骨を大きくなめらかに動かすことで、スイングがグンと加速する。力がなくても大きなパワーをクラブに乗せられる。

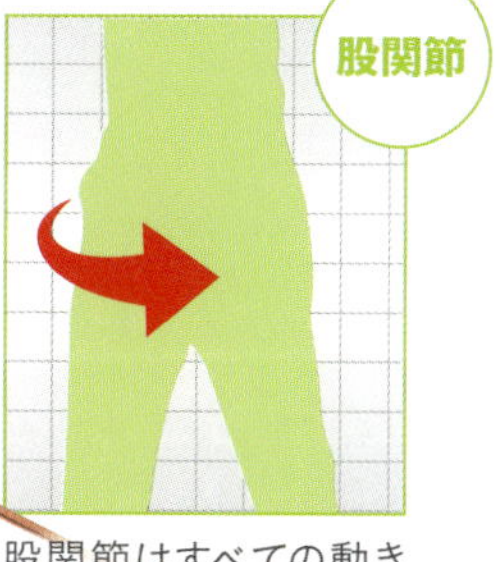

股関節はすべての動きの土台となる部位。上半身をしっかり支えながら、わずかなひねりを加えるだけで強い回転力が生まれる。

一気に放出される

飛距離を伸ばす
2

すべてのパワーがまとまる魔法のイメージを知ろう

スイングは一瞬の出来事で、なかでもインパクトの瞬間は1万分の5秒の世界。**脳から指令を出して体が動くのに10分の2秒かかるのに「肩甲骨と股関節を動かして……」などと考えていたら動きがバラバラになり飛距離は出ません。**だから考えるのではなく、イメージで体を動かしてみましょう。

数多くの人を指導してきたなかで、いちばん効果的だったのがブランコをこぐイメージです。ブランコの立ちこぎを想像してください。いちばん高い位置から少しずつ下方向に体重をかけて、あるタイミングで一気にひざやひじを伸ばして勢いを増す。このイメージで左右にスイングをしていると、いつの間にか「まっすぐゾーン」でヘッドがいちばん加速するようになりますよ。

4
力が放出された余韻を味わう
そのまま勢いを殺さず、クラブを放るように振り抜く。力を放出した後は、加速を考えないでOK。

3
すべての動きが最高速に
最も低い位置で両足の裏に大きな力が加わり、スピードが最高に達する。ブランコの座席に体が引っ張られるイメージ。

コツをつかめないなら バスタオルスイングと リボンスイングを

定期的に素振りできる環境がなければ、バスタオルスイング（P108参照）のときにブランコの立ちこぎをイメージしてみよう。うまくできたら、次はヘッドにリボンをつけて同様にスイングすると、さらによどみなくきれいに加速するようになる。

1 最高度で静止

ここから落下していくのと同時に、少しずつ足に体重が乗る。ここで「飛ばそう！」と反動をつけるとスイングにブレーキがかかり芯にも当たりにくくなる。

2 徐々に加速

重力、遠心力を体幹が増幅させて加速する。地面を踏むような感じでひざが伸び、さらにスピードを増す。

飛距離を伸ばす 2

ブランコの立ちこぎのイメージで「まっすぐゾーン」を通すことを繰り返すうちに、速く振ってもスムーズにスイングできるようになります。クラブは勝手に加速して、飛距離もだんだん伸びていくでしょう。

ここに示したのは、ブランコのイメージでクラブの通り道をつくり、スムーズなスイングができるようになる過程で感じることの例です。スイングの動きとブランコのイメージが一致したときに、体にどんな感覚が得られる

こんなことも感じるようになる

1

クラブと腕が落ちる
（ブランコがいちばん上から下りるとき）

振り下ろすときに、体幹の動きをきっかけにクラブを振るというより落とす、体幹を使ってクラブにかかる重力を加速させる感じを得られる人も。これはクラブの重さに拍車をかけられている証拠。

2

足の裏で支える
（ブランコの座面を踏んで加速する）

クラブの落下速度を増した重みを下半身が受けただけだと、体は下方向に沈んでスイングがブレてしまう。そうならないように受けた重みのぶんを足の裏で支えていく。このとき下腹あたりに自然に力が入ると、クラブが急激に加速する。

かを示しています。

　どれも大事なことなので、クラブや体幹の動きをできるだけ感じるようにしましょう。❶〜❸は、人によってどれを強く感じるかにバラつきがあると思います。腕に無駄な力が入らない人は、比較的❶を感じやすいでしょう。❷と❸は本当に一瞬で、❸はスイングスピードの速い人ほど強く感じると思います。注意したいのは❹で、これだけは避けたい感触。クラブの芯でない位置でボールをとらえると、こうなります。真っ先に「まっすぐゾーン」を通っているかを確認しましょう。

　こうした感覚を繰り返し体験し、違和感なくスイングできるようになればフルスイングの完成です。考える必要もなく勝手に体が動いて、気持ちよくボールを遠くへ飛ばせますよ。

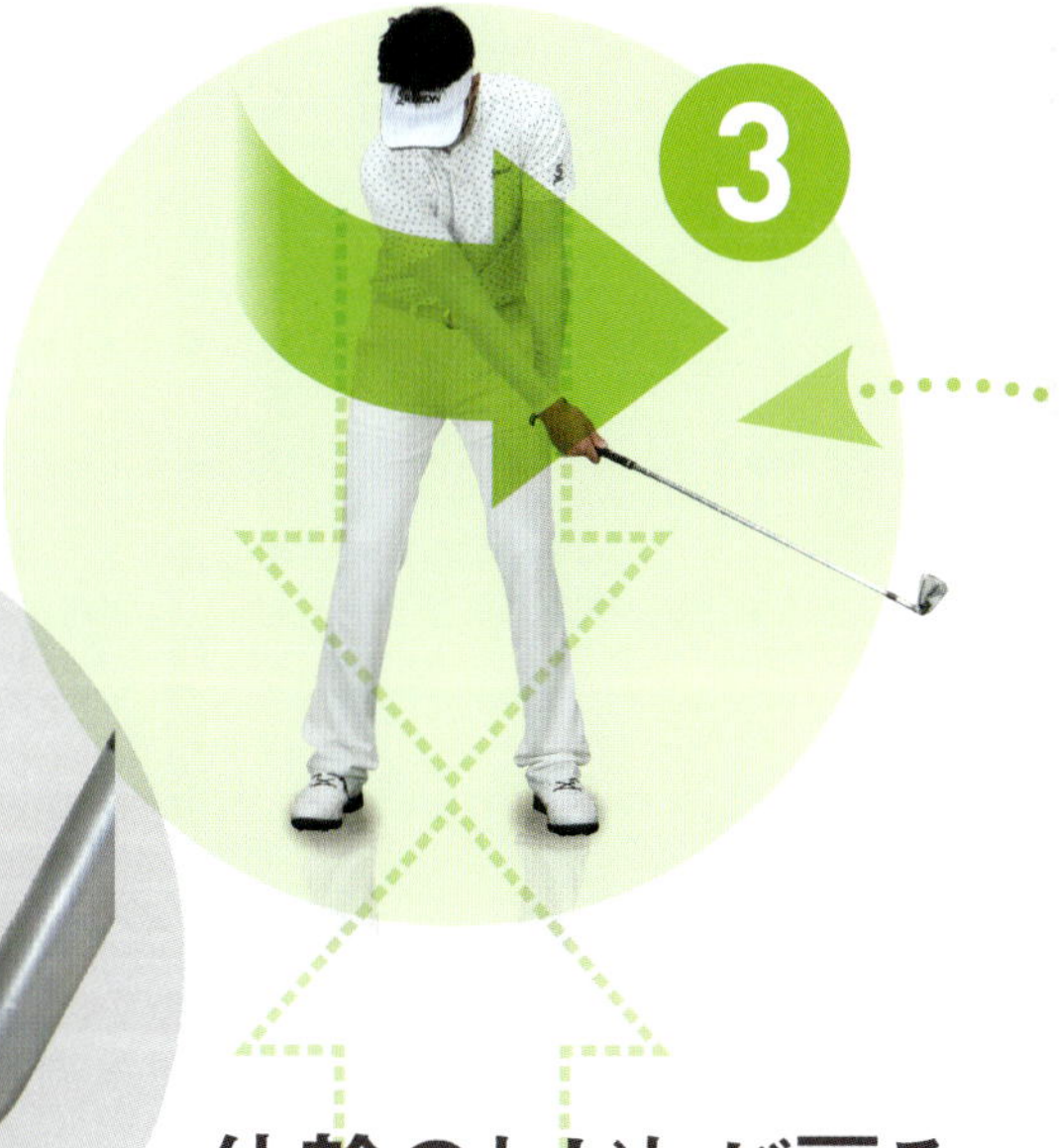

体幹のねじれが戻る
（ブランコが加速しながら動く）

クラブが落下する速度を増した勢いをさらに増しつつ、股関節、背骨、肩甲骨の動きを強く感じられる人も。クラブにかかる遠心力などが増していく。

手のひらに衝撃

60ヤード飛ばすフルスイングの倍近いパワーが生み出されるので、ヘッドがボールに当たる衝撃も倍増。きちんとクラブの芯に当たれば気持ちいい感触だが、ズレると手に衝撃を受けて打球の方向もバラつく。

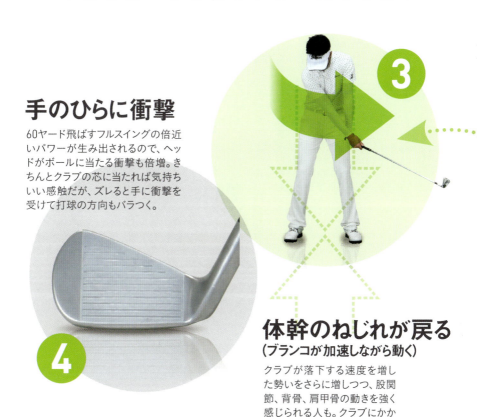

飛距離を伸ばす
3

速く振ってもグリップは手のひらで軽くはさむ

スイングスピードが上がると、クラブがすっぽ抜けそうな気がしたり手の中で暴れたりして、指に力が入る人が多いようです。そうすると、……もうおわかりですね。スイングの軌道がブレて、飛ばないしミスショットも増えます。

ここまでは最速で上達するために、あえてグリップにはくわしく触れませんでした。でもスイングスピードが上がると両手の一体感があったほうがいいと感じる人が増えるので、スタンダードなグリップをご紹介します。

グリップは、どれがいちばんいいというのはありません。最適なグリップは人それぞれ。振ってみて、しっくりくるグリップを選びましょう。

種類はおもに3つ。インターロッキングは左手の人差し指と右手の小指をからめる持ち方で、ホールド感があるため指に力が入りがちな人におすすめです。オーバーラッピングは主流の持ち方で、左手の人差し指の上に右手の小指を乗せます。動かしやすく両手の一体感も得られるので、初心者でも安心できるグリップです。ベースボールは、野球のバットと同じような持ち方でがっちり握れるため、女性や年配の方など力に自信のない人に向いています。**どのグリップにしても、まっすぐの設定だけは忘れないようにしてくださいね。**

クラブを持つまで

1

右手だけでグリップとシャフトの分かれ目くらいを持つ。

2

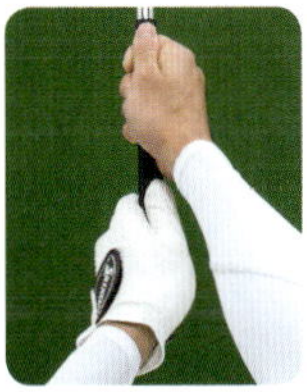

左手でグリップの端を持つ。親指はグリップの上に置くようにするのがポイント。

3

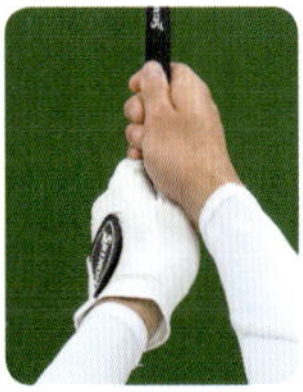

左手の親指を包むように、そのまま右手を下ろす。これで基本の持ち方は完成。

おもなグリップ

インターロッキングの場合

左手の人差し指と右手の小指をからめるようにする。右手の親指はシャフトの中央よりやや左側に。

オーバーラッピングの場合

左手の人差し指の上、第一関節から第二関節を巻き込むように右手の小指をからめる。初心者向きだが、違和感があるなら別の持ち方で構わない。

ベースボールの場合

両拳をそろえる。ホールド力は強いが右手と左手の動きがバラバラになりやすいので、注意が必要。

速く振るとどうしてもうまくいかない人は

スイングが乱れる原因を〝9つのポジション〟でチェック

うまくいかないときは、スイングの軌道が「まっすぐゾーン」を通るレールからはずれている場合がほとんど。そんなときは、スイングを〝9つのポジション〟に区切り、どこに原因があるかを探ってみるのが効果的です。**最初はものすごくゆっくり動かして、クラブと体の位置関係を一つひとつ確認していきましょう。** スイングがレールからはずれる、もしくは体勢がつらいと感じる部分があれば基本に戻って修正します。すばやく振っても自然にレールを通るようになるまで、動きを体にしみつかせましょう。

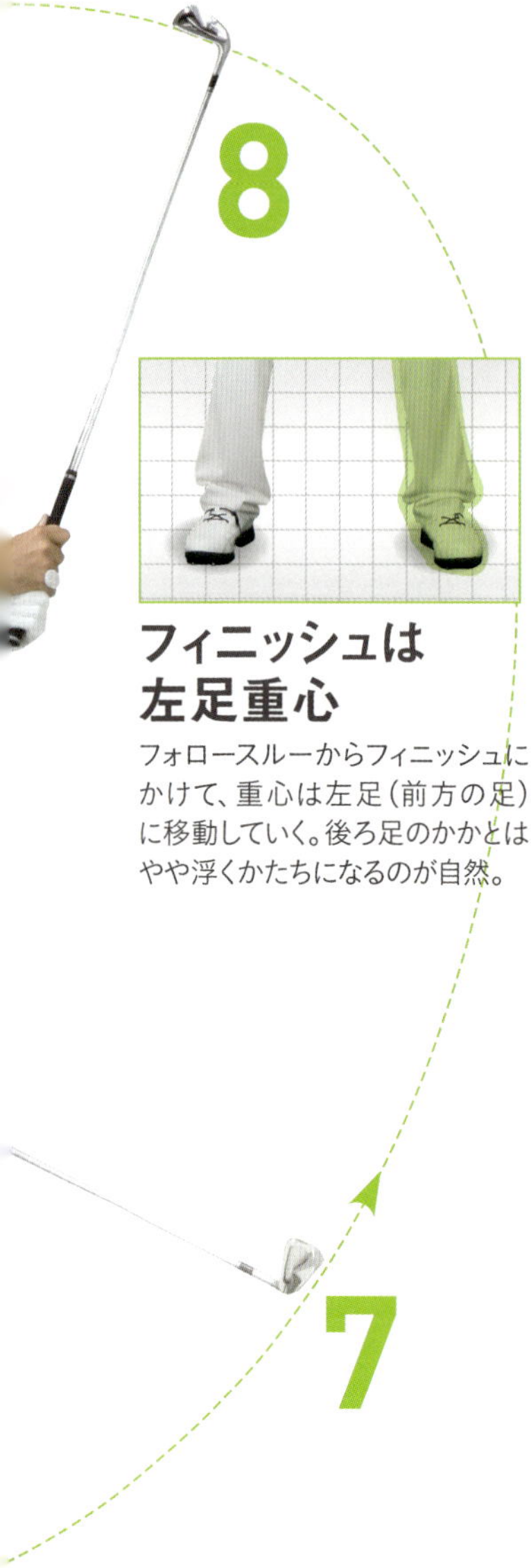

フィニッシュは左足重心

フォロースルーからフィニッシュにかけて、重心は左足（前方の足）に移動していく。後ろ足のかかとはやや浮くかたちになるのが自然。

トップは右足重心

テークバックからトップにかけて、重心はゆっくりと右足（後方の足）に移動していく。ただし体全体が傾かないよう注意しよう。

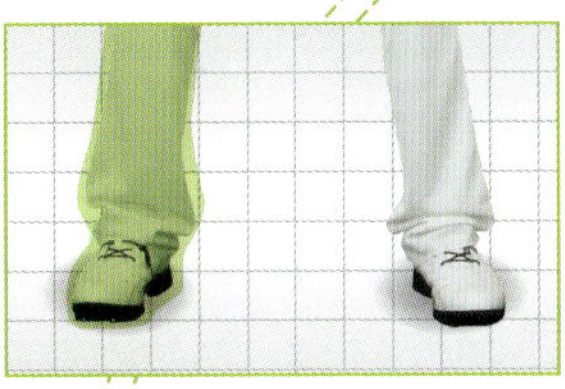

インパクトは両足重心

ダウンスイングからインパクトにかけて、重心は右足から体の中心に移動する。インパクトの瞬間は、アドレス（最初に構えたとき）と同じように両足に均等に体重が乗っているのが理想的だ。

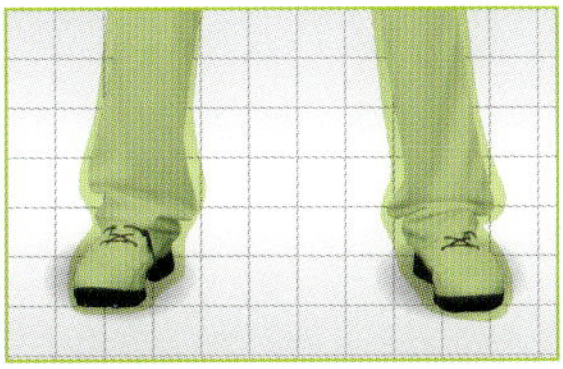

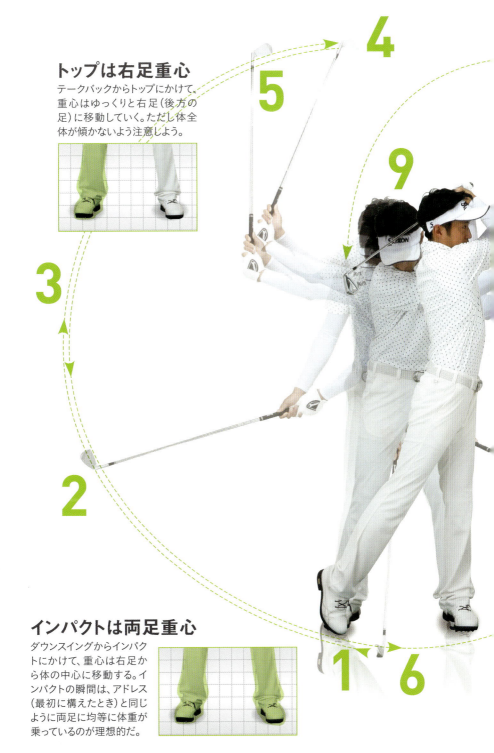

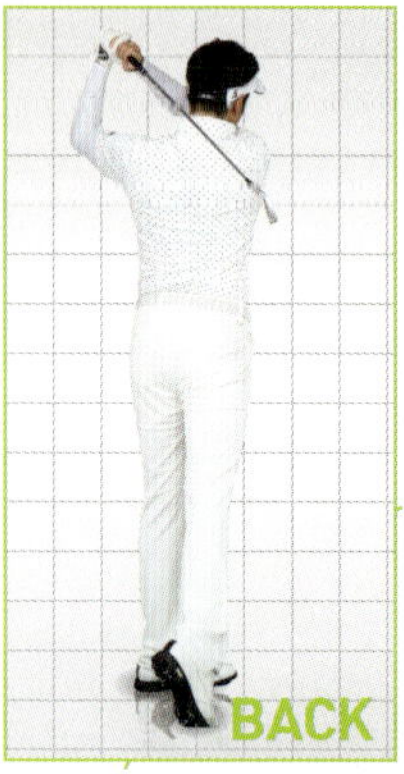

フィニッシュ

おへそがターゲットに向く。左足に体重が乗る。シャフトは左耳の横にくる。

9

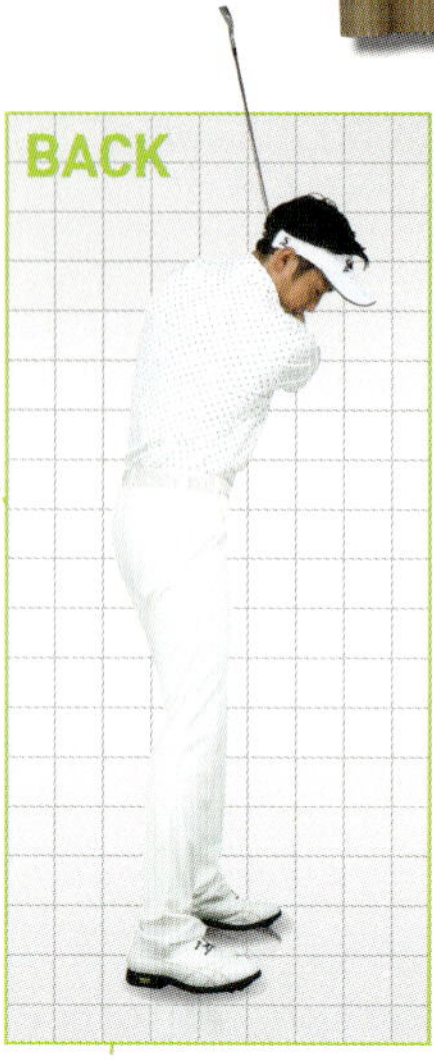

8

フォロー2

フェースは飛球線の反対を向く。グリップエンドは飛球線と同じ方向に。右腕は胸の高さと同じくらいで、飛球線に対して平行になる。手首は90°に。

フォロー1

フェースはスクエアで、ヘッドは飛球線の外に見える。グリップエンドはおへそを向く。右腕は腰の高さくらいで、左足の前に移動する。

7

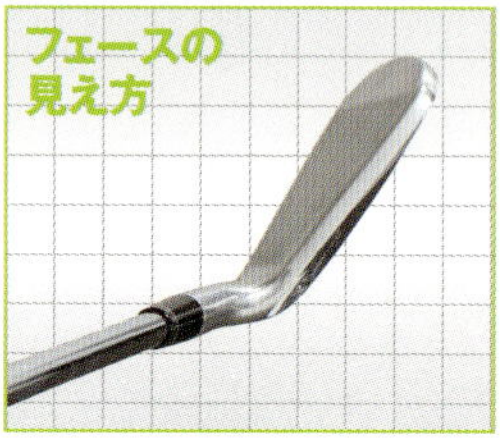

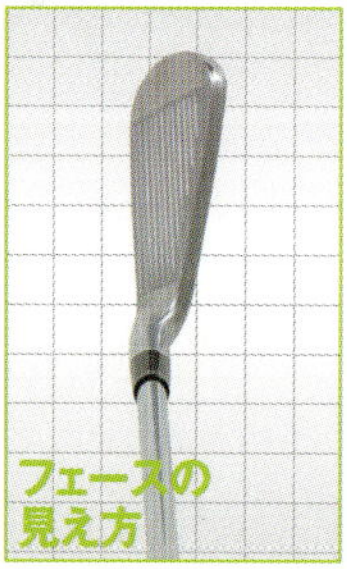

6

インパクト

フェースは飛球線にスクエアで、ヘッドはテークバック1を通過してボールに向かう。右腕はアドレスの位置か、やや左に。

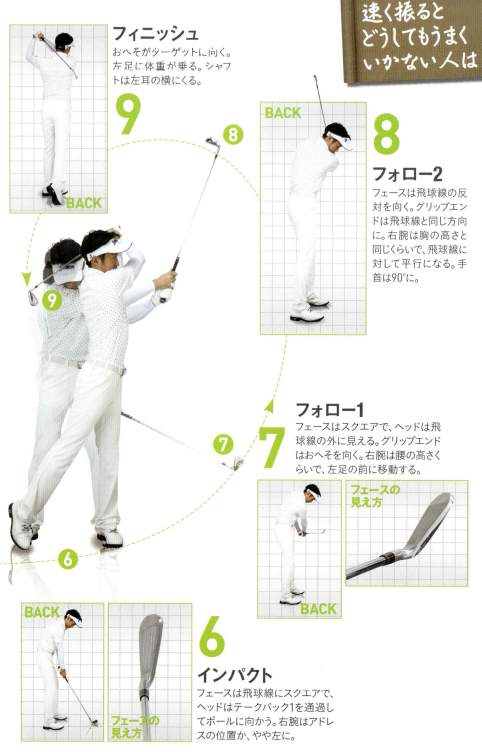

5 切り返し

手首はトップと同じ角度を維持したままクラブを振り下ろす。グリップエンドはやや下がるが飛球線を向いている。

4 トップ

フェースは45°上を向き、グリップエンドは飛球線を向く。両腕は胸の高さと同じくらいで、飛球線に対して左腕は平行、手首はだいたい90°になる。ヘッドは軌道の中で最高度に達し、もっとも軽く感じられる。

3 テークバック2

クラブ(シャフト)は地面に対してほぼ平行、フェースは飛球線に正対するか、やや下を向く。両手(グリップ)の位置は腰の高さくらい。

2 テークバック1

ヘッドは飛球線の外に見える。グリップエンドはおへそを向く。両腕は右足の前あたりに位置する。

1 アドレス

地面に対してまっすぐ立つ。ヘッドは地面に垂直に置き、フェースはボールからターゲットに向かうライン、飛球線に対してスクエア(直角)になる。

速く振るとどうしてもうまくいかない人は

9つのポジションをひとつずつ、つなげていく

速く振るとうまくスイングできなくなってしまう人は、9つのポジションをひとつずつつなげてゾーンをつくっていきましょう。

ポジションごとに考えると、「このポジションはこのかたち」「次はこのかたち」と意識すべきことが増えてなめらかな動きができません。そこで、ある程度各ポジションが体にしみついたら、❻と❼をつなげてひとつの動きとしてとらえてみます。それができたら❻、❼、❽とつなげ、少しずつゾーンの幅を広げていきましょう。

スイングを〝ひとつながりの動き〟にできれば、軌道も格段に安定します。

ポジションをひとつずつつなげる

❶、❷、❸、❹、❺、「❻❼」、❽、❾のように、隣り合うポジションをくっつけてゾーンをつくっていこう。

体がやわらかい人向き

「**1**（テークバック〜トップ）」「**2**（切り返し）」「**3**（インパクト〜フォロー）」の3ステップでスイングする。体がやわらかい人は、クラブを上げたときにタメができるので、このリズムがおすすめだ。

力が強い人向き

「**1**（テークバック〜切り返し）」「**2**（インパクト〜フォロー）」の2ステップでスイングする。力が強い人は、クラブを上げた直後に筋肉の反発で体がすばやく戻ろうとするため、このほうがリズムをつかみやすい。

速く振るとよくあるトラブル1

“微調整”の繰り返しでわけがわからなくなる

まっすぐ飛ばすどころか、空振りしたりボールが曲がったりすると、「手首の角度が悪いのか?」など、目につく部位に意識が向きがちです。

いちばん困るのは、誤った修正にもかかわらずまぐれ当たりでうまくいってしまうこと。「こうすればいいんだ!」と思い込んで、それがクセとして固定されるのです。 このような部分修正を繰り返していくと、いつのまにか本来あるべきスイングからどんどん離れていってしまいます。

うまくいかないときは、動きの加算ではなく減算を考えましょう。必ず不要な動きが加わっているはずです。

スイングの幅を狭めてフォームを確認

フルスイングでうまくいかないときは、ハーフスイングか、足元でクラブを左右に振るかして、体の動きを確かめよう。体とクラブを対話させながら、じっくり確認すべき。

「まっすぐゾーン」を必ず確認

スイングが速いと「まっすぐゾーン」を通っているかどうか判断できなくなる。何回かに1回はゆっくり振って確認しよう。

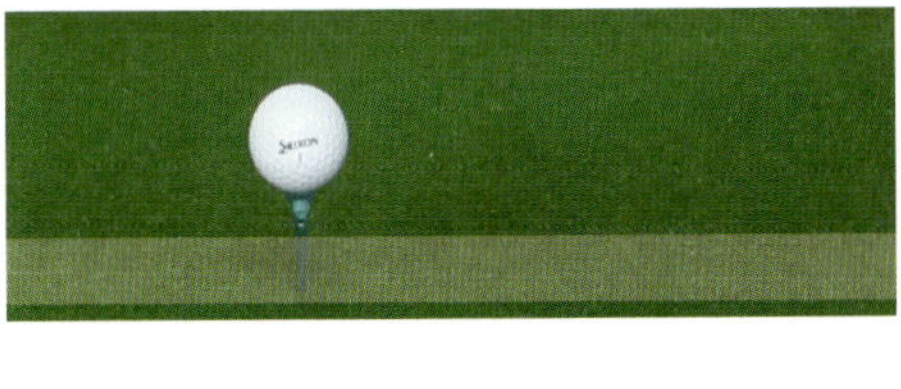

解決法
基本のゾーン確認、スイングを小さくする

速く振るとよくあるトラブル
2

連続振りでないとうまくいかない

このケースは、自宅で熱心にタオルスイングやゴムティー打ちなどを練習している人に多いかもしれません。原因は、アドレスから動き出すきっかけがつかめないか、クラブの重さを感じるなどの〝設定〟を忘れているからです。

こんなときは、少し体を動かしてみましょう。プロでも打つ前に体を動かす人はいます。足をパタパタさせて重心を確認したり、小刻みに腕を後ろに引いて戻したり。これらは、すべて動き出しやすくなるための儀式のようなものです。自分に合った動きを見つけましょう。

連続振りをイメージしてから打つ

頭の中で連続振りをイメージしてからスイングしよう。ボールに当たりさえしなければ、ヘッドが少し前に動いたって構わない。

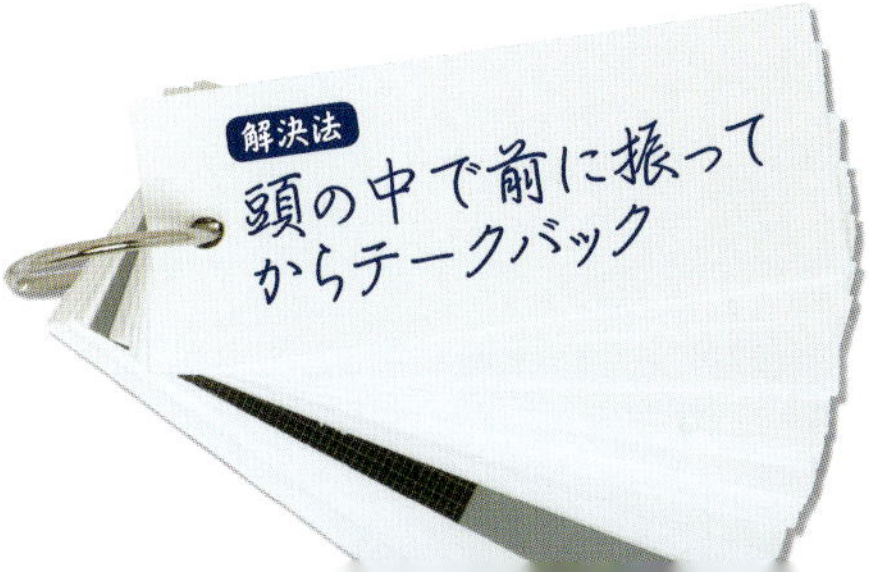

解決法
頭の中で前に振ってからテークバック

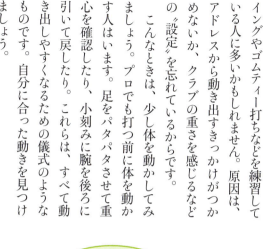

速く振ると
よくある
トラブル
3

手のひらや指が痛い、マメができる

手にマメができるのは、一か所に負荷がかかりすぎている証拠。その原因はたくさん考えられます。

手首も痛くなるなら、グリップを強く握ってスナップを利かせているのかもしれません。また、スイングがゾーンからズレているのを握力で強引に戻したり、芯に当たっていないことでクラブに伝わる衝撃を手のひらで受け止めたりしていることも考えられます。

いずれにせよ持ち方をもう一度、見直してみましょう。クラブの重みを感じつつ無理なく「まっすぐゾーン」を通せていれば、まず痛みません。指や手の力みを抜くことが大切です。

ハンガーを握る

クラブを持つのと同じようにハンガーを握ってみよう。ハンガーがゆがんだら、強く握りすぎている証拠。ゆがまない力で持つ。

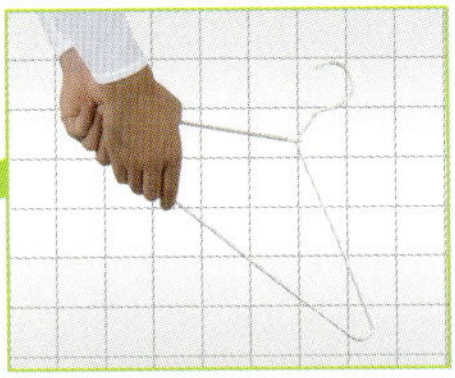

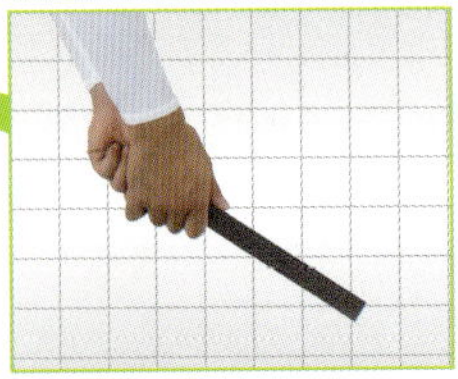

定規をはさむ

クラブを"握る"のではなく、手のひらで"はさむ"感覚を身につけるには定規が便利。

体が硬くて動かない、やわらかくて動きすぎる

スイングに必要なのは、クラブの動きに合わせてムチのようにしなやかに動く体です。そのためには、体の土台でもある体幹を安定させる必要があります。

体が硬すぎると、体幹の動きをクラブの末端まで連動させにくいため、ギクシャクした不自然な動きになってしまいます。逆にやわらかすぎても、腰が回りすぎたり体がねじれたりして、スイングの軌道が不安定になりがちです。

体幹ストレッチ（P92参照）を繰り返して、しなやかに動く体をつくりましょう。

下半身を固定したスイングに慣れる

椅子に腰かけたままスイングすると下半身が動かないため、上半身（肩甲骨）の動かし方や下半身の安定のさせ方をつかみやすい。

バスタオルスイングで動きをスムーズに

体が硬い人は、タオル連続スイング（P109参照）でスムーズなスイングを身につけよう。繰り返すことで、体幹の可動域が広がっていく。

ゴルフの非日常にひとつずつ慣れる③

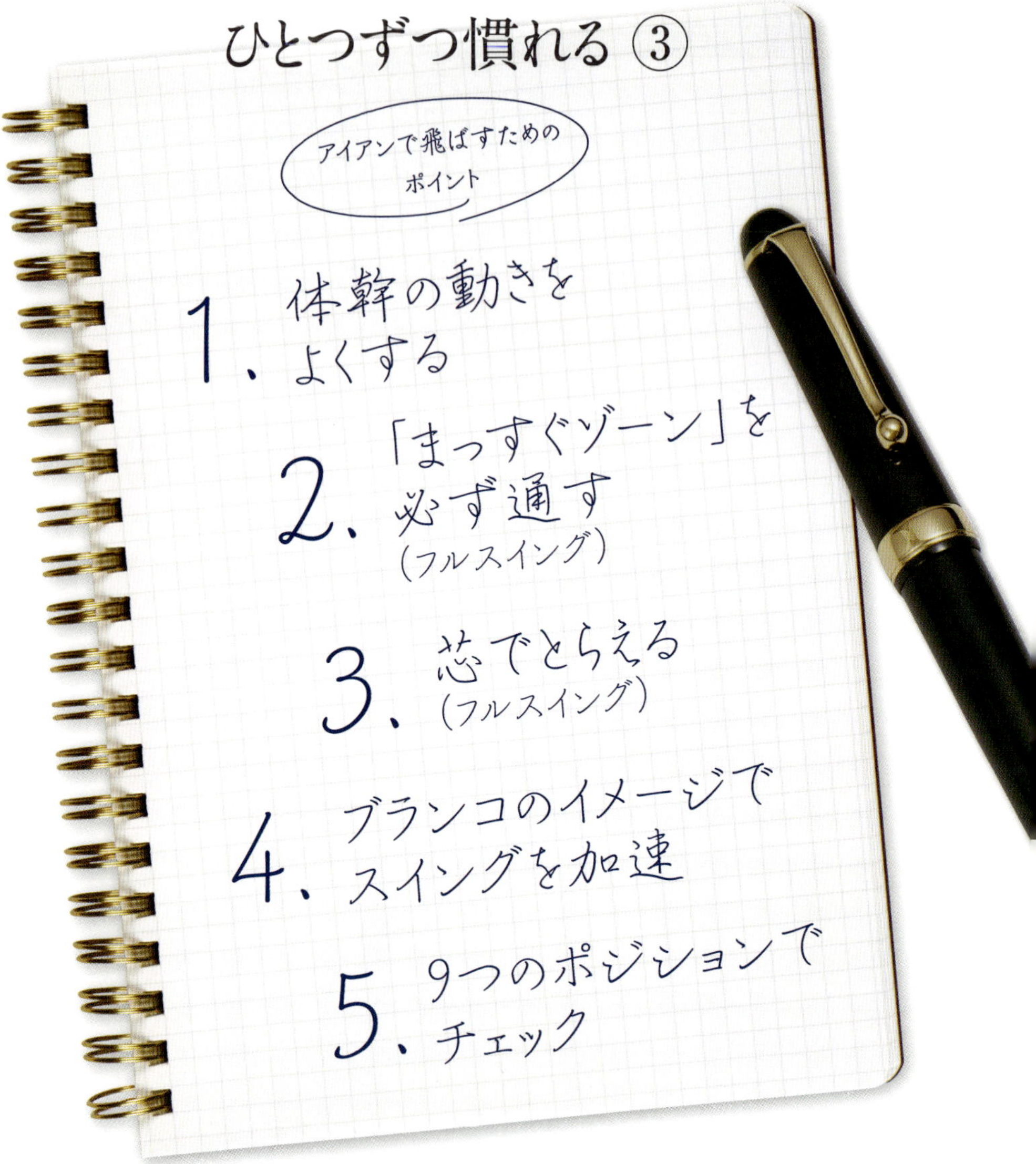
アイアンで飛ばすためのポイント
1. 体幹の動きをよくする
2. 「まっすぐゾーン」を必ず通す（フルスイング）
3. 芯でとらえる（フルスイング）
4. ブランコのイメージでスイングを加速
5. 9つのポジションでチェック

うまく打てれば、ボールは自然に高く遠くへ飛んでいく。しかし現実には、毎回そうはいかない。それはスイングの軌道を保つための筋力や柔軟性がなかったり、手首を返すなどのアレンジを加えたり打ち気になったりと、さまざまなヨコヤリが入るからだ。この章で学んだことは、それらのヨコヤリを楽しみながら取り除き、スムーズなスイングに戻す方法。100％マスターできればショートコースでいいスコアを出すことだってできるし、ラウンドして100を切ることだって夢ではなくなる。

chapter 3

卒業試験

□

持っている
すべてのクラブで
5/10の確率で
芯でとらえ、
まっすぐ飛ばす

芯でとらえ、まっすぐ飛ばす。
これはターゲット方向に打って
クラブの適正飛距離を出すということ。
ラウンドするときのように、1打ごとに
短いクラブに持ち替えて10回チャレンジしよう。
すべてのクラブに応用できるスイングを
習得する章の締めくくりだけあって、難易度は高い。
この緊張感を見事乗り越えられたら
ゴルフを楽しむための強力なアイテムを
あなたは手にしている。

column

重心って、なに？

本書にも頻出する、重心という単語。よく耳にするし、わかった気になってはいるものの、説明するとなると困ってしまう人も多いのではないでしょうか。重心とは、重さのバランスが釣り合う点のこと。つまり、いちばん安定した部分です。左右に大きく腕を広げたやじろべえが、わずか一点で全体の重さを支えられるのは、重心がその真下にあるからです。見方を変えれば、重心は全体の重さが集約された部分とも言えます。だからハンマーで釘を打つときに、重心があるハンマーヘッドの中心でなら、まったく力を入れなくてもするりと入るんです。これは振り下ろす力に、重心に集約されたハンマーの全重量が加えられて釘を打つから。ゴルフのスイングも同じで、クラブの重さをしっかり感じて重心に集約された重量をボールにまっすぐ伝えれば、力を使わなくたってまっすぐ飛ばせます。

chapter 4

いつでも、どこでも まっすぐ飛ばすために

―得意なクラブをひとつずつ増やす―

身につけたい武器を見つけよう

クラブには、さまざまな種類があります。それは、スイングをできるだけ変えずクラブを持ち替えることで、コース上のありとあらゆる局面を攻略するため。打つたびにスイングをガラッと変えていたら打球は安定しなくなり、コースを楽しむどころではなくなるでしょう。

前章までで、まっすぐ飛ばすハーフスイングとフルスイングをマスターし、その過程でパターと7番アイアンという強力な武器を身につけました。これだけでもラウンドできますが、すぐに「もっと飛ばしたい」「うまくボールを脱出させたい」と思うシーンに出くわすはず。ここからは、そんなシーンをスマートにこなすための新たな武器を紹介していきます。

望むのは飛距離か精度か、トラブル脱出能力か

クラブはおおまかに、ウッド、アイアン、パターの3つに分類できます。ウッドは、ボールを遠くへ飛ばすために設計されたもの。ドライバー（1番ウッド）以外にも、3番、4番、……とあり、番手が大きくなるほどロフト角も大きく、シャフトは短くなるのが特徴です。ドライバー以外のウッドを、と

くにフェアウェイウッド（FW）と呼びます。眼下に広がる広大な自然の中で気持ちよくボールを飛ばす、という願いを叶える頼もしい武器です。

アイアンは、狙った場所に正確にボールを運ぶためのもの。前章でご紹介した7番アイアンやピッチングウェッジ以外にも、たくさんの種類があります。番手のついていないアイアンもあり、このようなクラブをとくにウェッジと呼びます。ウェッジは、おもにバンカーで使用するサンドウェッジや、正確にグリーンに近づけたいときに使用するアプローチウェッジなど、たくさんのシーンや目的に対応できる武器がそろっています。

手にした武器の特性を知ろう

もしかすると「種類も多いし、使いこなすまでにずいぶん時間がかかりそうだな……」なんて思われるかもしれませんが、ご心配にはおよびません。クラブの種類がこれだけ多いのは、それぞれがシーンや目的に応じて細かく設計されているということ。つまり最適なクラブでスイングするだけで、クラブがあなたの望みを叶えてくれるのです。

クラブによってシャフトの長さやヘッドの形状が変化するため、スイングの感覚も多少変化しますが、基本は変わりません。クラブが違うからスイングを変えるのではなく、クラブを持ち替えても同じようにスイングするために各クラブの特性を知るのです。

Driver
ドライバー

遠くへ飛ばすことに特化したクラブ

ドライバーは、ボールを遠くへ飛ばすことを最優先に考えられたクラブです。ティーショット（各ホールで最初にボールを打つとき）など、とにかく飛距離を稼ぎたいときに使用します。

大きな特徴は２つ。１つ目は、シャフトが長いこと。シャフトが長ければ、それだけ大きな遠心力が生まれるほか、スイング時に〝しなり〟が加わる（Ｐ１４４参照）ため、より大きな力でボールを押し出せます。一方で、体とボールの距離が開く（Ｐ１４２参照）ため、慣れないうちはスイングが難しく感じてしまう人も多いようです。

でも心配はいりません。ボールが離れていても当たりやすいようにヘッドが大きく、振りやすいように軽く設計されています。これがドライバーの２つ目の特徴です。持ってみるとわかりますが、アイアンに比べ、その軽さに驚くでしょう。

飛ばせる秘密は重心の深さにある

ドライバーは、ヘッドが大きいぶん、重心の位置も深くなる（フェース面と重心が離れる）。重心深度はロフト角と同様に、ボールのスピン量（回転率）に大きな影響を与え、重心を深くすることでより高く遠くへ飛ばすことが可能となる。フェースでボールをとらえてから、深い重心が押すイメージだ。

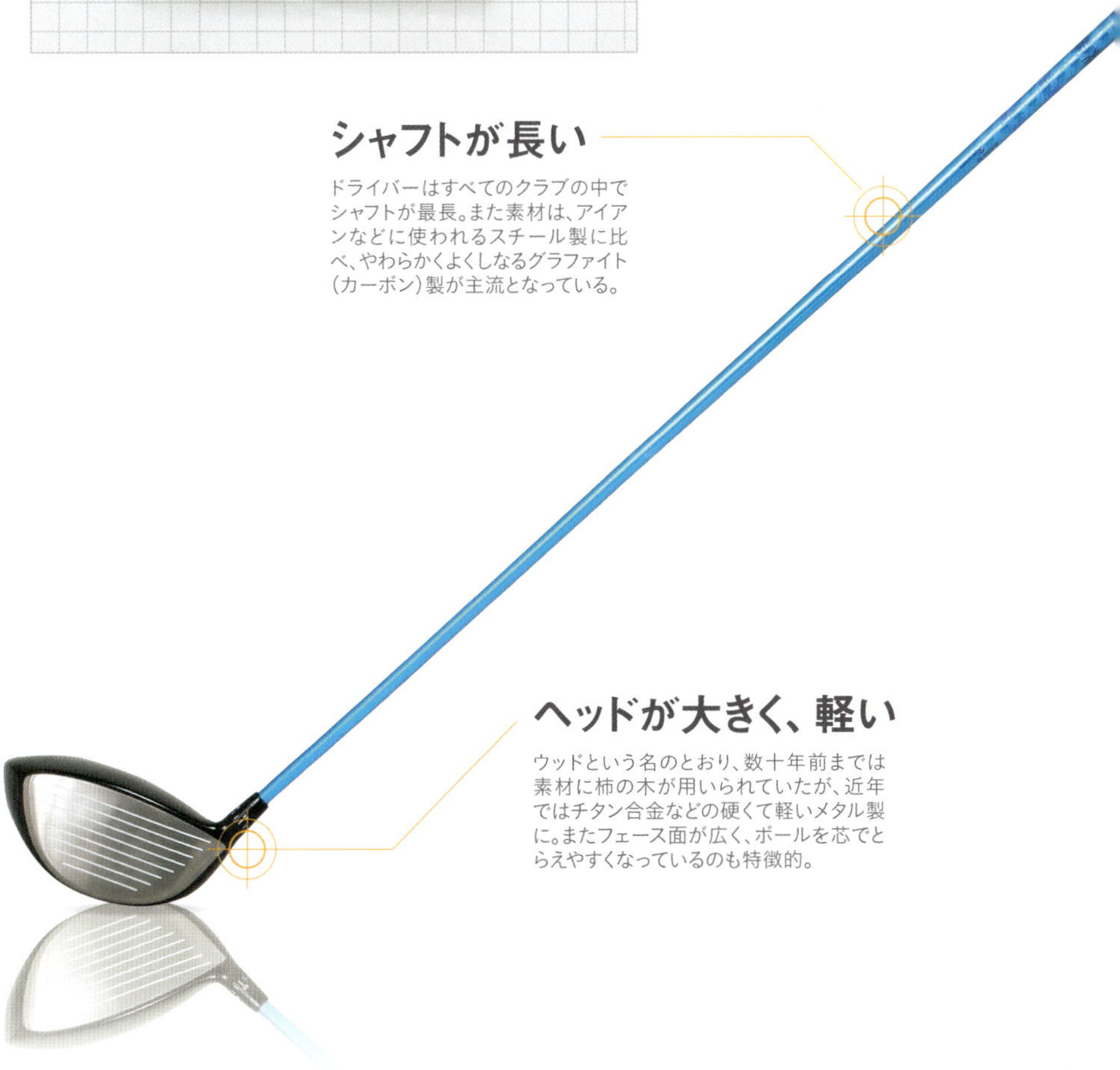

シャフトが長い

ドライバーはすべてのクラブの中でシャフトが最長。また素材は、アイアンなどに使われるスチール製に比べ、やわらかくよくしなるグラファイト（カーボン）製が主流となっている。

ヘッドが大きく、軽い

ウッドという名のとおり、数十年前までは素材に柿の木が用いられていたが、近年ではチタン合金などの硬くて軽いメタル製に。またフェース面が広く、ボールを芯でとらえやすくなっているのも特徴的。

ホントは簡単、ドライバー

ドライバーは、本来ならばいちばん打ちやすいクラブのはずです。ヘッドは軽くて大きいし、平らなティーグラウンドでティーアップ（ティーにボールを乗せる）して打てるため、地面を叩く心配も減ります。にもかかわらず、ドライバーを持つとミスが増えるという人が多いのも事実です。

その原因は意識にあります。ドライバーは遠くへ飛ばすものというイメージが強いため、**慣れないうちは腕に力が入ったり、体を過度にねじって回転を加えたりしてしまいがちです**。その結果、スイングの軌道が「まっすぐゾーン」からはずれ、空振りしたり右や左

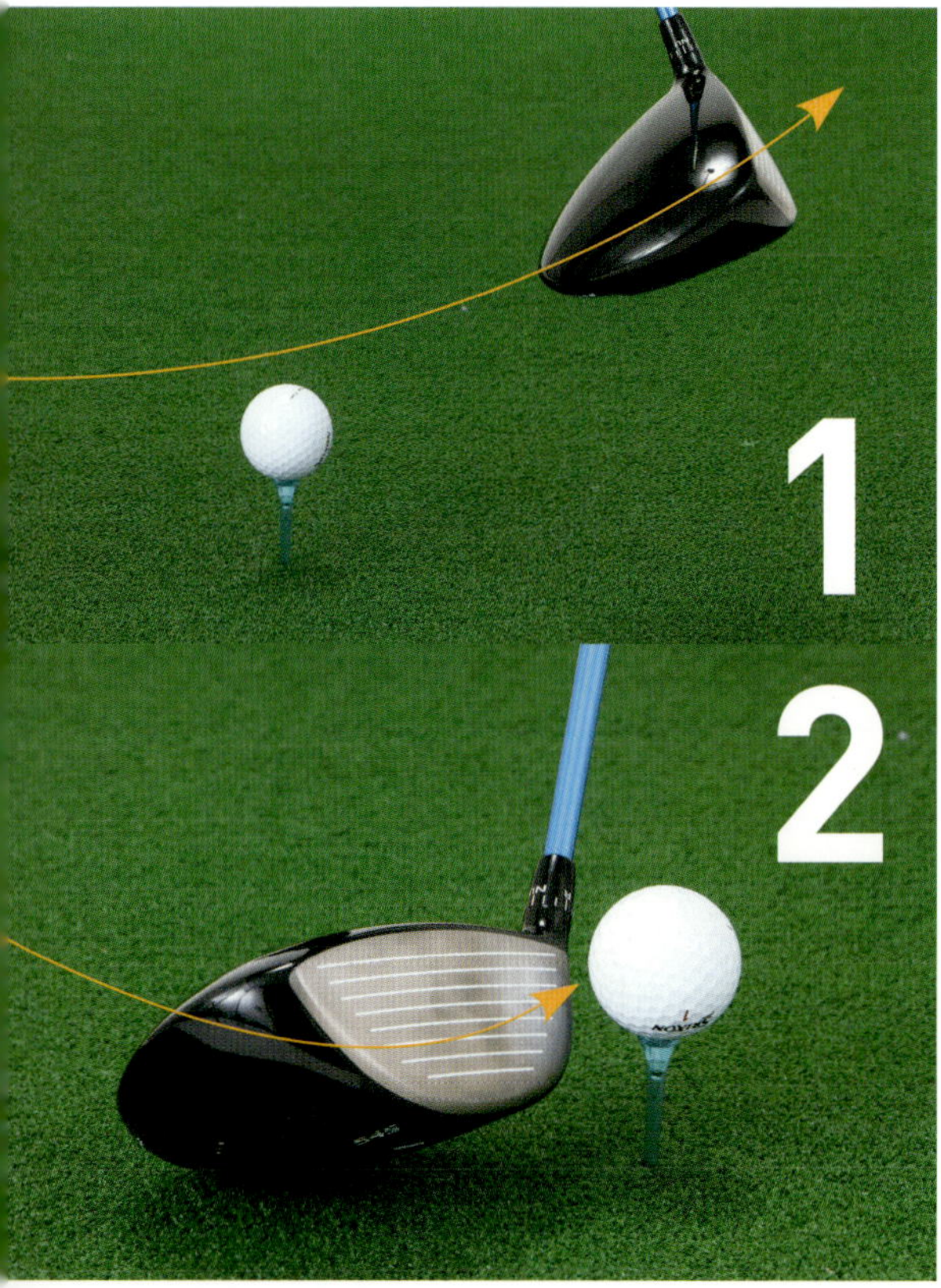

空振り

ボールを飛ばすことやボールを飛ばした先に意識が向きすぎている。また慣れないうちは、体幹ではなく腕でクラブを振り回している（P146参照）おそれも。最初はあせらず、ゆったりしたスイングで軌道を確認しよう。

右や左に飛ぶ

インパクトのときに、フェースが開いたり閉じたりしていて、横方向にスピンがかかるとこうなる。ドライバーはシャフトがよくしなるぶん、フェースの戻りも遅い（P144参照）。感覚がつかめるまで練習しよう。

にボールがそれたりといったミスが起きやすくなります。

また、意識が飛球線の先に向きがちになるのもミスを増やす大きな原因に。ターゲットが遠いと、どうしてもボールの行方が気になります。だからといってスイングしながらボールが飛ぶ方向を確認しようとして体を正面に向けると、スイングと体の動きのテンポがズレるため、ブレやすくなってしまいます。

まずはいつもどおり「まっすぐゾーン」を通すことに集中しましょう。それでもうまくいかないときは、ミスするしくみを正しく理解し対処していけば簡単に飛ばせるようになります。ドライバーは決して難しくないんです。コツさえつかめばミスは減り、どんどん楽しくなりますよ。

ダフる、シャンク、トップ

一度ダフったりシャンクしたりして恐怖感が芽生えると、今度はインパクトで手前に引いてトップ（ボールの上を叩いてしまうミス）が起きやすくなる。こうなるとミスがミスを呼ぶ悪循環に。ゆったりしたスイングで、ボールと体の正しい距離感覚を身につけよう。

3

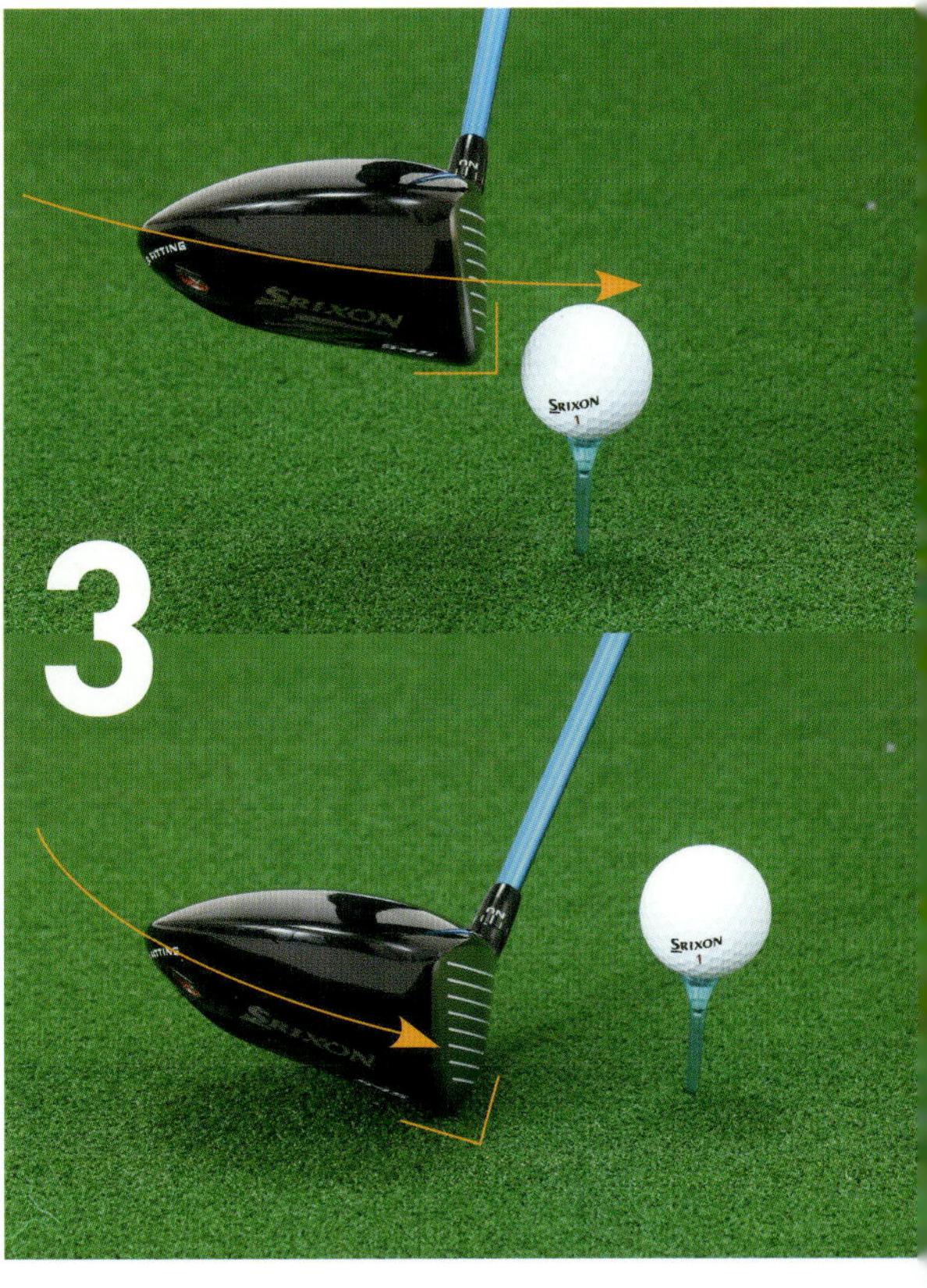

じゃあ何が
難しいの？
1

とにかくボールが遠い

ドライバーを持って構えたとき、まず感じるのがボールが遠いということ。わずか数センチ離れただけで、アドレスの感覚がアイアンとずいぶん違うように感じられるかもしれません。

実際に、パターではほぼ真下を向いて打てるのに対し、ドライバーを構えるとボールの位置が離れるぶん、ヘッドの進入角度が浅くなります。だからといって、やることが変わるわけではありません。これまでどおり「まっすぐゾーン」を通せば自然に当たりますし、芯でとらえれば力を込めなくても遠くへ飛ばせます。

よく「ドライバーは横振りになる」と口にする人がいますが、これは危険信号。トップの位置が背中側に倒れて、いわゆる〝すくい打ち〟になっているおそれがあります。まずトップを目で確認してください。

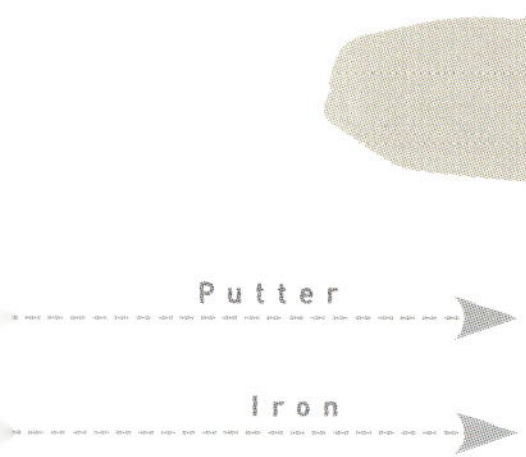

上体が起き上がりヘッドの位置が遠くなる

アイアンに比べシャフトが長いぶん、アドレス時に自然と上体が起き上がるが、トップの位置は変えないように。このバラつきがドライバーを難しいと感じさせる大きな要因だ。

長さによってアドレスの基準も変わる

パター、アイアンと並べると、いかにドライバーが長いかが一目瞭然。このとき注意したいのが、グリップの位置を変えたり、ひじを曲げたりしてボールと体の位置を無意識に手元で調整すること。アイアンのアドレスを基準にすると、知らず知らず体を近づけて自然なスイングができなくなってしまう。守るべきは、自分にとって自然なスイングで「まっすぐゾーン」を通すことだ。

じゃあ何が
難しいの？
2

シャフトがものすごくしなる

ドライバーならではと言えるのが、強烈なしなりを利用したショット。スイングによってクラブが大きくしなり、そこから元に戻ろうとする力（反発力）をうまく利用することで、ボールをより遠くへ飛ばす原動力を得られます。

慣れないうちは、このしなりに違和感を覚えるかもしれません。シャフトが伸びれば、それだけしなりも大きくなるため、腕の振りに対してヘッドが〝遅れてくる〟ような感覚があるはず。

また、**やみくもにクラブをしならせればいいわけではないことにも注意してください**。腕の力で無理やりしならせすぎると、ヘッドが戻りきらずに

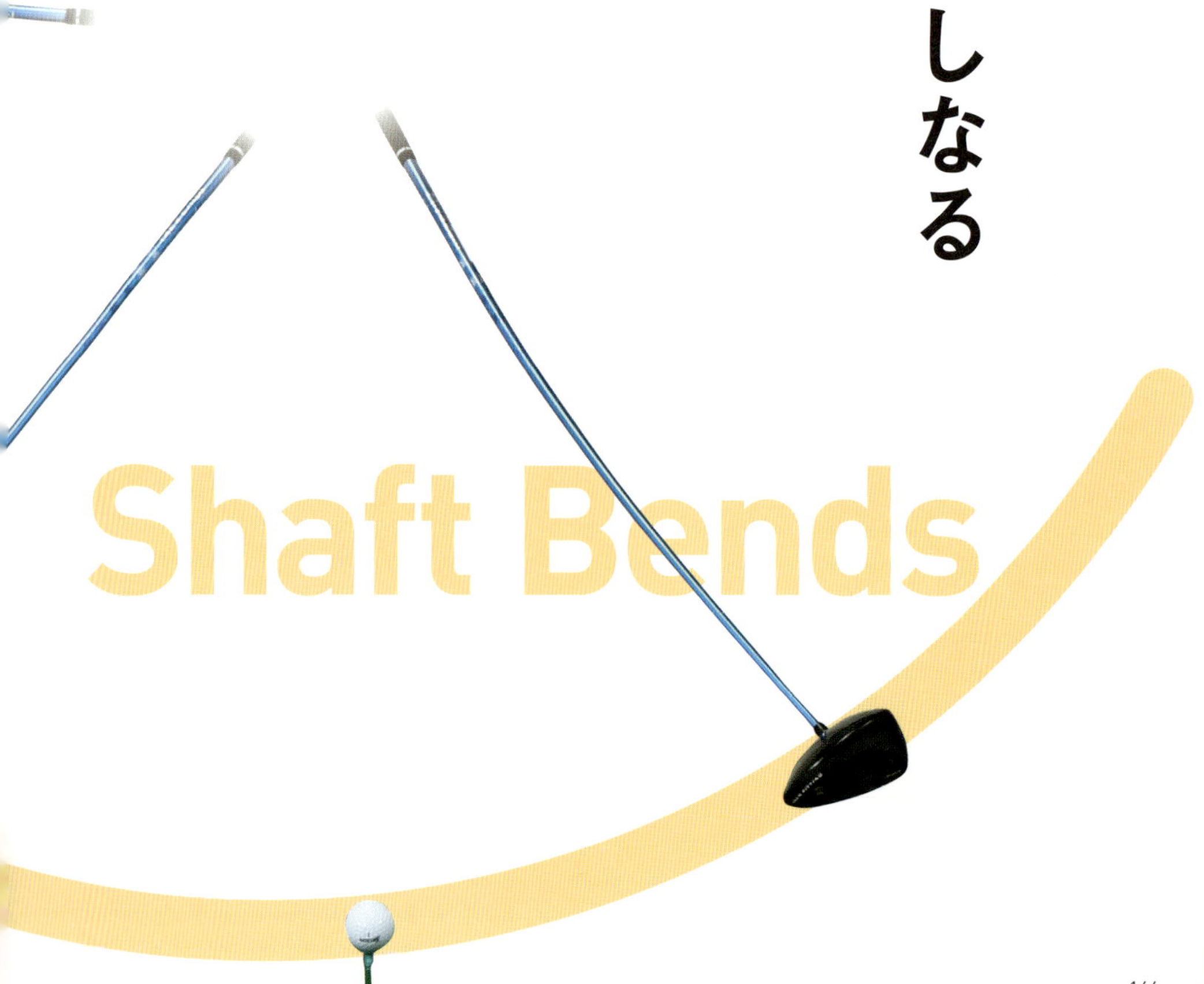

フェースが開いたままインパクトしてミスショットにつながります。

スイングはアイアンのときと同じで、力まないのが基本。まずは**ヘッドが戻ってくるまで時間がかかることに慣れましょう。**

クラブの自然なしなりを利用する

しなればしなるほどボールを飛ばせるように思うが、これはNG。インパクトまでにヘッドが戻りきらずスライスしやすくなるほか、それを調整するため無意識に手首を返したりするなどのクセがつきやすくなる。自然に振れば、ドライバーはシャフトの長さに応じてインパクトの位置でしなりが戻り、フェースが正面を向くようにできている。この自然なしなりを利用するのが、効率のいいスイングなのだ。

打点がやや前に移動する

7番アイアンで打つときは体のほぼ正面だったのに対し、ドライバーはしなりによってヘッドの戻りが遅れることから、フェースが正面を向く位置がやや前に移動する。左かかとの前あたりと覚えておこう。

じゃあ何が
難しいの？

3

クラブの重さを感じにくくなる

ヘッドが軽いのは、ドライバーならではの特徴のひとつです。

なぜヘッドが軽いとスイングが乱れてしまうのか、不思議に思う方もいらっしゃるかもしれません。たしかにヘッドが軽いほうが、クラブを操作しやすくなります。でも、じつはこれがくせ者なんです。

クラブが動かしやすいとスイングの軌道も力で操作しやすくなる、つまり腕や手首の力だけで振ってしまいがちなんですね。とくに飛ばそうと意識するとブンブン振り回しがちになり、大きくスムーズなスイングができなくなってしまいます。

こうならないためにも、クラブ全体の重さをしっかり感じることが大切です。ドライバーはヘッドが軽いため、アイアンと同じイメージではうまくいきません。アイアンとは性格の異なるドライバーの動きを、より繊細に感じることが必要です。98ページでご説明したように、ヘッドを垂直に上げ下げしたり、左右にブラブラと小さく振ってみたりして、まずはドライバー全体の長さや重さの感覚に慣れましょう。あとはこれまでどおり体幹を使って大きくゆったり振れば、自然と「まっすぐゾーン」を通るスイングになります。

Let's try it やってみよう

ヘッドカバーをつけてスイング

クラブ全体の重さを感じにくいときは、ヘッドカバーをつけたままスイングしてみよう。ヘッドの部分が重くなるため、クラブ全体の長さや重さが意識しやすくなるはずだ。

目標 トップでヘッドが軽く感じ
スイング中に重みを感じられる

振りかぶりすぎ、伸び上がりすぎ NG

ボールを遠くまで飛ばそうとして振りかぶりすぎると、体の軸がブレて「まっすぐゾーン」を通せなくなり、空振りしたりダフったりする危険が高まる。これが続くと、今度はダフるのをおそれて体が伸び上がってしまう。

じゃあ何が難しいの？
4

体ばかりが先に動いてしまう

ドライバーを使うのは、決まって飛距離を稼ぎたい場面。そこで「飛ばしたい！」という気持ちが強くなるのは無理もありません。

でも、これもドライバーのショットを難しくする原因のひとつなんです。つまり打ち気が勝ることで、知らず知らずクラブの性能を無視した動きをしてしまい、ミスショットが増えていくんですね。

ドライバーの性能を最大限活かすには、これまでどおりクラブの声に耳を傾けて自分の体をコントロールすることが大切です。クラブと自分は二人三脚であることを忘れないでください。

NG

クラブよりも体を動かす

「飛ばそう」と意識しすぎると、体が突っ込んだり（写真左）、先に体だけ動いたり（写真右）する。このようにクラブの動きを無視したスイングをすると、無意識に首や腰、ひざにひねりが加わり、ミスショットの原因になる。

Let's try it やってみよう

腰から腰、ハーフスイング、フルスイング、速度を上げる、と段階を踏む

1

2

3

アイアンのときと同じように、小さなスイングから少しずつ振り幅を広げてクラブの動きを感じよう。いちばんのキモはヘッドが戻るまで時間がかかるのに慣れること。最初はヘッドがまっすぐ下りてくるか不安になるが、「まっすぐゾーン」をしっかり通れば問題ない。

Cause of the Miss Shot ミスショットの原因はこれだ!

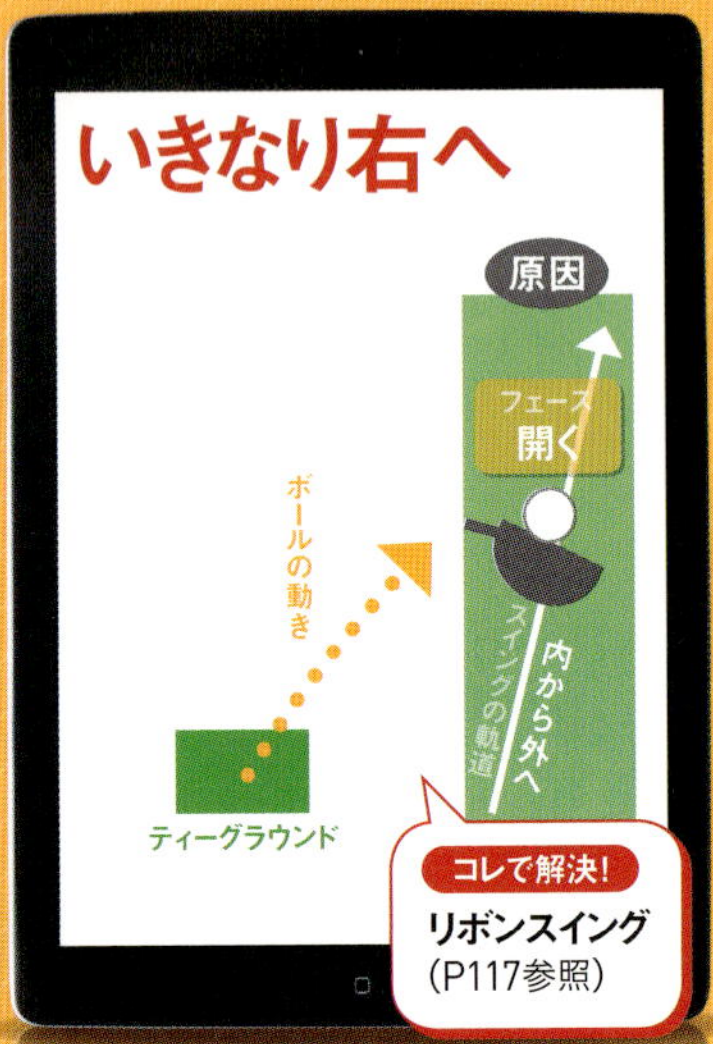

ミスショットの傾向は人それぞれ。それだけに、自分なりに原因を分析して対処したくなる。でも、これが大きな落とし穴に。ほとんどの人が真の原因をつかめず、スイングをさらに崩して泥沼にはまっていく。ミスショットを激減させる最適な対処法は、「まっすぐゾーン」を通過するヘッドの軌道とインパクトでのフェースの向きを正すことにある。

Model Swing

ドライバーの場合、ボールの位置が前方にないとうまくインパクトできないため、スイングの最下点からやや上がったところで打つかたちに。このボールの位置のズレに最初は戸惑って、ボールばかり見てしまう。でもそれは、「まっすぐゾーン」の出口ばかり見て入口を見ていないのと同じこと。うまくいかないのも無理はない。
繰り返しになるが、ドライバーは慣れればいちばん簡単にボールを打てるクラブ。プロのスイングはどれも優雅さがある。これは力まず適切なタイミングで力を発揮しているから。クラブと体の動きをスムーズにできているからこそ、最大限の力を発揮できるのだ。

Driver Role

いつでも、どこでもまっすぐ飛ばすために ―得意なクラブをひとつずつ増やす―

ドライバーのお手本スイング

もう、これで気持ちよくラウンドできます！

さて、あなたはパター、7番アイアン、ドライバーと、多くの局面をカバーできる武器を手に入れました。これでもう、気持ちよくラウンドできます。

初ラウンドでの平均スコアは150〜200と言われていますが、これまでに練習してきたことを再現できれば、それよりも大幅に低いスコアを出せるでしょう。飛距離があまり必要ないコースであれば、すでに中級者とラウンドしても充分通用するだけの実力を身につけているはず。ここから先はラウンドを重ねて実戦経験を積むもよし、さらにスイングに磨きをかけるもよし、あなたの好きなやり方でゴルフを楽しみましょう。

次ページからは、ラウンドで役立つさまざまな武器を紹介していきます。目的に応じて使い分けられれば、もう恐いものなしです！

NICE SHOT!

スコアを上げるために

1

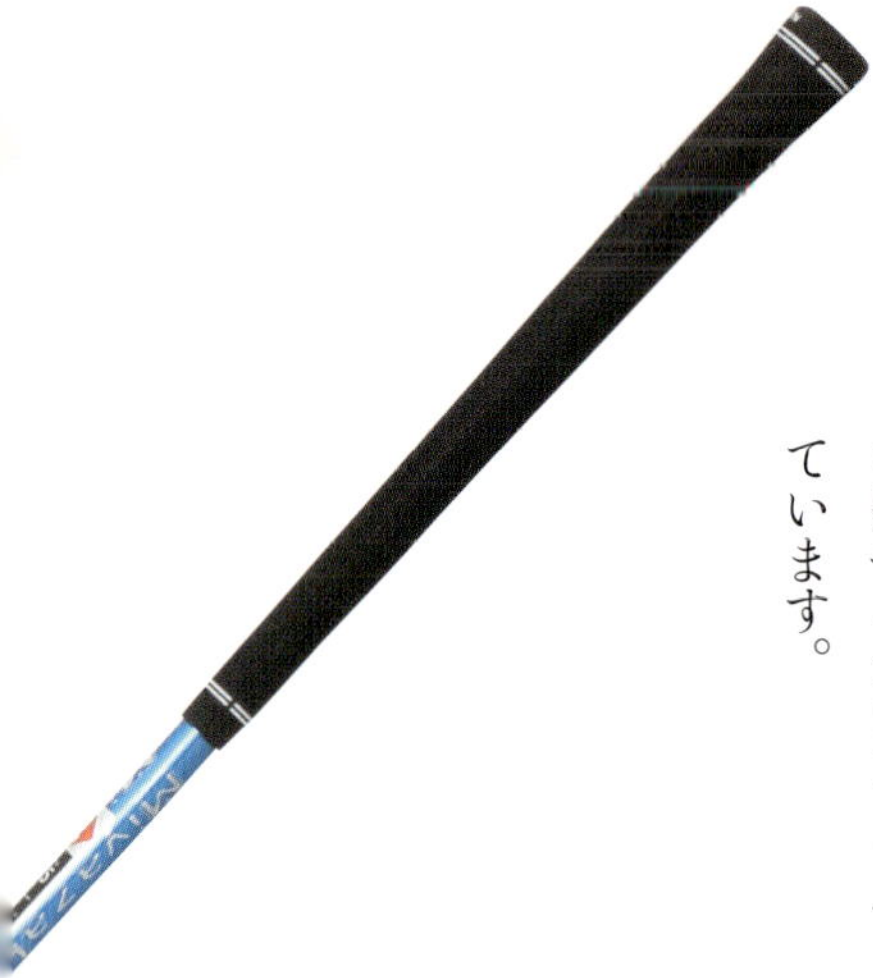

アイアンよりラクに飛ばしたいときに

フェアウェイウッド

フェアウェイウッドとは、ドライバー（1W）以外のウッドのこと。ドライバーほどではありませんが、シャフトが長くヘッドが大きいため、コースの途中で飛距離を稼ぎたいときに使えます。3番、4番、5番と番手が上がるごとに長さや形状が変わるため、アイアンのようにボールを高く上げることも可能です。

また、フェアウェイウッドとアイアンの中間に位置するクラブに〝ユーティリティ〟があります。操作が簡単ながら、ロングアイアンと同じだけの飛距離を出せるクラブとして、近年では3番、4番アイアンの代わりに使う方も増えています。

Wood

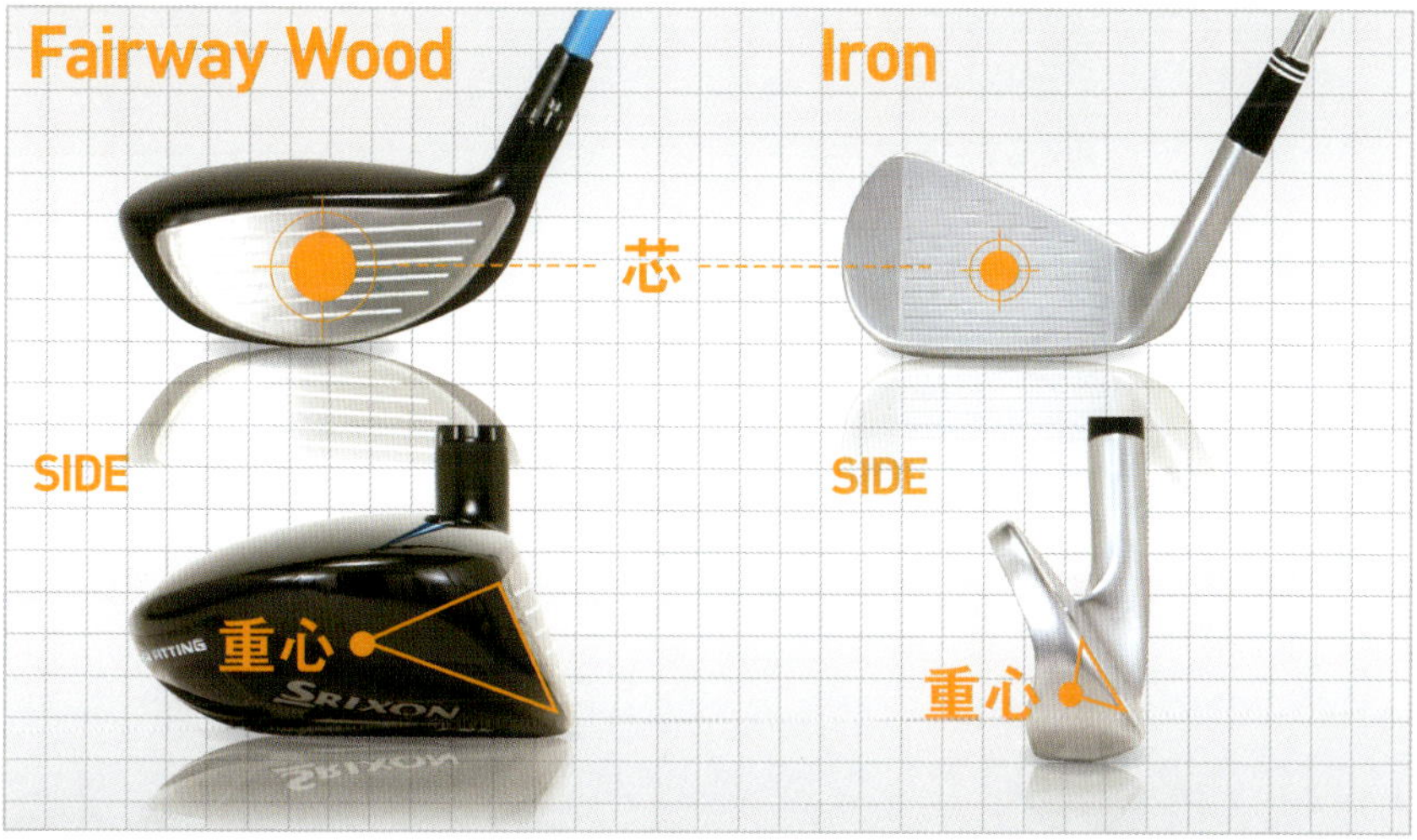

重心の位置が“深く”“低い”のが特徴

ドライバーと同じように重心が深いだけでなく、低重心なのが特徴。そのためロフト角が同じなら、アイアンよりもボールを高く打ち上げられる。ある程度飛距離が必要なときは、ロングアイアンよりも使いやすいだろう。

シャフトが長い

ドライバーに次いで長いのが特徴。シャフトの硬さや重さは、メーカーによってばらつきがあるので、自分に合ったものを選ぼう。初心者の場合、やわらかく少し重めのほうがスイングが安定しやすい。

Fairway

フェアウェイウッド

ヘッドが大きい

芝の上からでもボールを高く遠くへ飛ばせるようにヘッドが大きく、かつ重心が低く設計されている。フェースには、芝の上からでもボールを上げやすい“シャローフェース”と、ティーショットで力を発揮する“ディープフェース”の2種類がある。

スコアを
上げるために

1

フェアウェイウッドは、最もシャフトが長くロフト角が小さい3番から、4番、5番、7番と番手が大きくなるにつれシャフトが短くロフト角は大きくなっていきます。つまり番手が大きいほどボールを高く打ち上げやすく、スイングの感覚がアイアンに近づいていくのです。

そのため慣れないうちは、9番ウッドもしくは7番ウッドなどロフト角の大きなもので練習しましょう。9番ウッドは4番アイアン、7番ウッドは3番アイアンと、ちょうど同じくらいのロフト角です。

その一方でアイアンよりも長いため、スイングの感覚はドライバーに近くなります。はじめは違和感があるかもしれませんが、慣れれば非常に使い勝手がよく、攻守のバランスが取れた強力な武器になります。

7Wなどロフト角のあるものから試そう

ヘッドが大きくて奥行きがあるため気づきにくいが、数字の大きい番手のものはしっかりとしたロフト角がある。アイアンと同じ感覚で打ってみよう。

最初は腰から腰のスイングで慣れる

基本はドライバーと同じだが、ティーアップしないため、スイングしたときのヘッドの高さはアイアンに近くなる。最初は低いティーを置いて、それに当てる練習をしてもいいだろう。慣れたらティーをはずしてみる。うまくスイングできるようになると、ソールが地面をすべる感覚がつかめるはずだ。

慣れたら フルスイングしてみる

フルスイングの基本も変わらない。ゆったり大きなスイングを心がけよう。慣れてきたらクラブの番手を6番、5番と上げ、シャフトの長さやヘッドの重さの違いに慣れる。

スコアを上げるために

2

砂があっても飛ばす

サンドウェッジ

ウェッジは、距離の短いショットを正確におこなうために設計されたクラブです。アイアンよりもロフト角が大きいため、高くボールを打ち上げたり、バックスピンをかけて狙った地点にボールを落としたり（止めたり）するのに適しています。また、目的やシーンに応じて、ピッチング、アプローチ（P162参照）、サンドなど、さまざまな種類があるのも大きな特徴です。

サンドウェッジは、その名のとおり砂（サンド）、つまりバンカーでボールを打つのに適したクラブです。ほとんどのバンカーは窪地で急角度の斜面になっているほか、芝と違い砂にボールが食い込んでしまうため、通常のクラブでは抜け出すのが困難です。

サンドウェッジは、そのような環境でも**普通にスイングすればボールを高く打ち上げられるように設計されており、少しコツをつかめばラクにバンカーから抜け出せるようになります。**

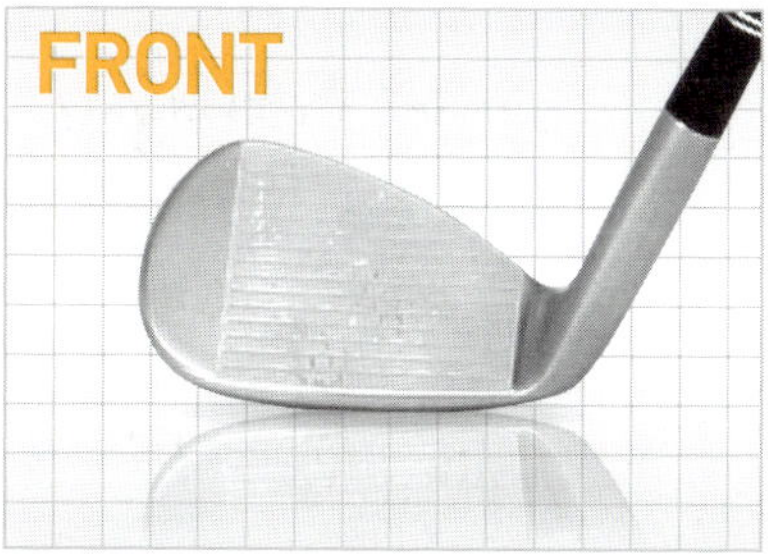

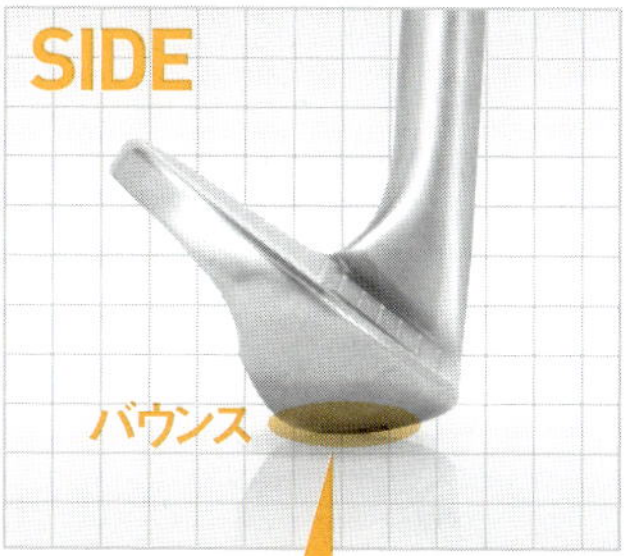

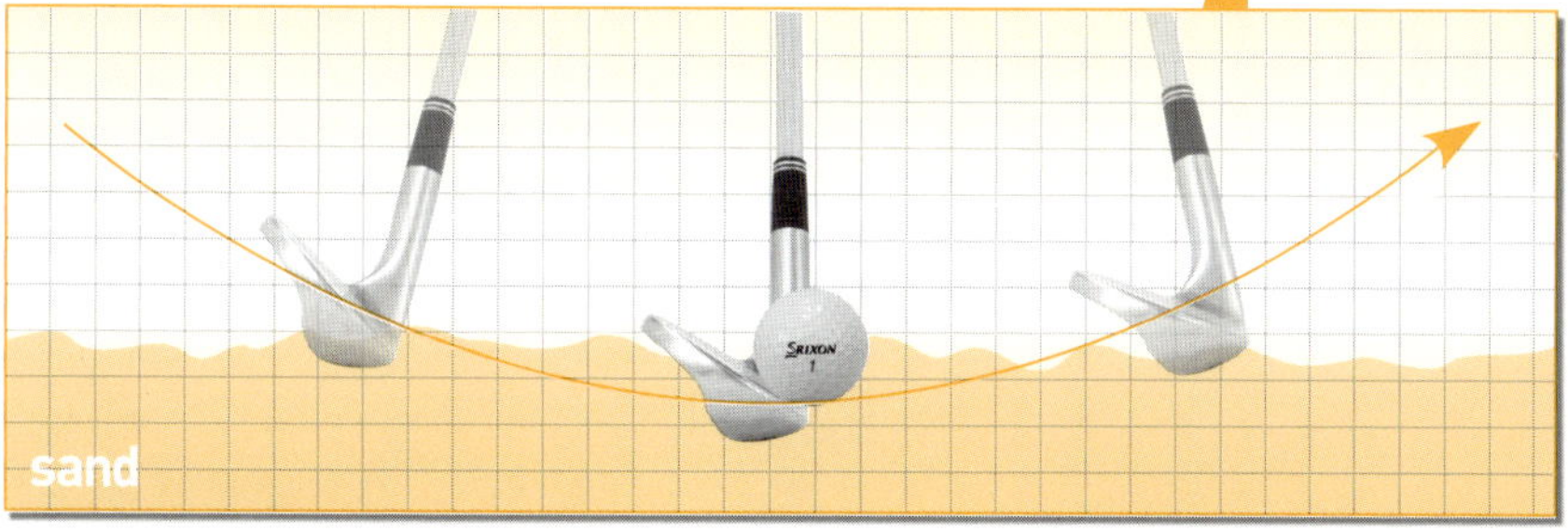

砂に刺さりそうだがすべってくれる。安心して振ろう

サンドウェッジの最大の特徴は“バウンス”にある（写真上）。バウンスがあることで、スイングしたときに砂をすべっていくので、砂ごとボールを打てるほか、スイングの勢いがあまり弱まらないため勝手に打ち上がる。

シャフトが短い

ほかのクラブに比べてシャフトが短いため、細かな調整もしやすい。一方で、体とクラブの重心の距離が短くなるので、ヘッドの重みも感じやすい。

Sand Wedge
サンドウェッジ

ロフト角が非常に大きい

サンドウェッジはロフト角が56～58°と非常に大きいため、ボールを垂直方向に上げられる。また、バウンスが大きいほどバンカーや深いラフから打ちやすくなるが、フェアウェイ（平地）で使う場合は気をつけよう。

深いラフでも飛ばす
ピッチング・アプローチウェッジ

ピッチングウェッジとアプローチウェッジは、ボールを高く打ち上げ、狙った場所にピンポイントで落としたいときに便利なクラブです。

ピッチングウェッジは、ウェッジの中では最もロフト角が小さいため、アイアンの代わりに好んで使う方も多いようです。最近はアイアンをセットで買うと、ピッチングウェッジもいっしょについてきます。アイアンでは飛距離が出すぎる場面などで使うとよいでしょう。

一方、アプローチウェッジは、ロフト角の大きさはピッチングウェッジとサンドウェッジのちょうど真ん中ぐらい。飛距離も2つのウェッジの中間程度なので、これらを組み合わせて使うことで、あらゆる場面、距離でイメージどおりのショットを打てるようになります。

Wedge

アプローチに最適

アプローチウェッジは、その名のとおりアプローチに特化したクラブ。とくにボールをグリーンの狙った位置に乗せたいときに、絶大な威力を発揮する。ショットの精度を高めたいなら、はじめは52°くらいのロフト角が最適だろう。

Pitching Wedge
ピッチングウェッジ

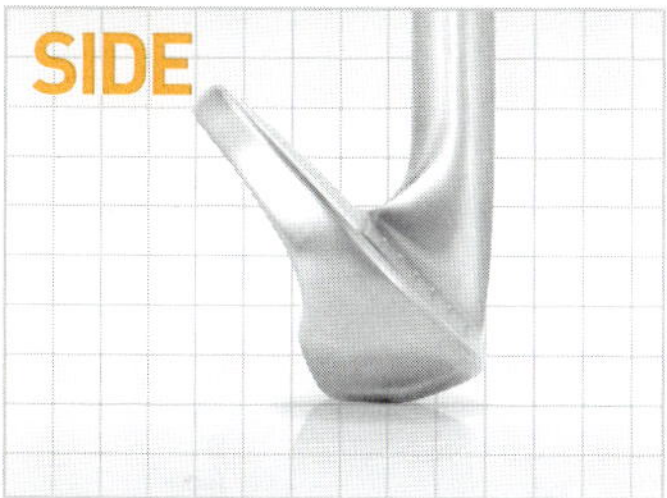

ロフト角があり、重心も低い

アイアンに比べロフト角が大きいだけでなく、重心も低いため簡単にボールを上げられる。一方で、ほかのウェッジに比べほとんどバウンスが少ないため、アイアンに近い感覚でスイングできる。まさにいいとこどりのクラブなのだ。

距離を調整しやすい

ピッチングウェッジは、飛距離とロフト角のバランスがいいのが特徴。アイアンやほかのウェッジの足りない部分を補完できるため、所有しているクラブの性能を把握したうえで最適なものを選ぼう。

ロフト角は大きく、バウンスは小さい

大きなロフト角がありながらバウンスはサンドウェッジよりも小さいため、フェアウェイでも地面に跳ね返される心配が少ない。使いこなせば、数センチ単位でボールの止まる位置を調整することも夢ではない。

Approach
アプローチウェッジ

スコアを上げるために

4

高く上げたい、低く打ちたい

ボールを、高く上げたり低く打ったりしたいときに、いちばんいい方法を教えましょう。それはクラブを持ち替えることです。

スイングを変えなくても、ロフト角が大きくなれば自然とボールは高く上がりますし、逆に小さくなれば低くなりますよね。そんなことかと思うかもしれませんが、場面に応じて適切にクラブを使い分けるのは、意外にセンスがいるんです。

ただし、ロフト角が大きくなればシャフトは短くなり飛距離も短くなります。どうしても飛距離をある程度保ったまま、高く上げたり低く打ったりしたい場合は、体の重心を前後に移動してみましょう。

ボールを高く上げたいときは重心を後ろ足に、低く打ちたいときは重心を前足に置きます。こうすることでスイングの軌道が微妙に前後にズレるため、ボールの位置を変えなくてもインパクトの角度（ヘッドがボールに当たる角度）を変えられます。

あとはいつもどおり振るだけ。ほかにも細かなテクニックはたくさんありますが、慣れないうちはこの基本を押さえるだけで充分です。

高く上げたい場合

アドレスしたとき、いつもより少しだけ後ろ足に体重を乗せる。こうすることでスイングの軌道がやや後ろにずれるため、いつもどおりスイングすれば自然にボールは上がっていく。

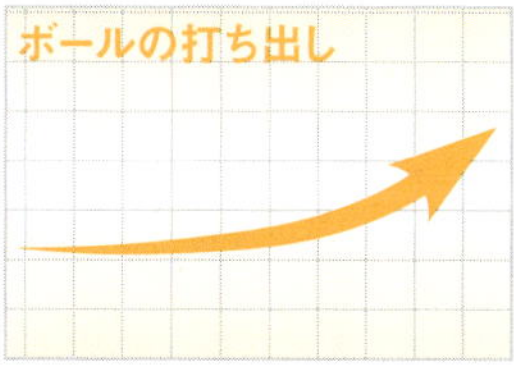

勝手に上昇する

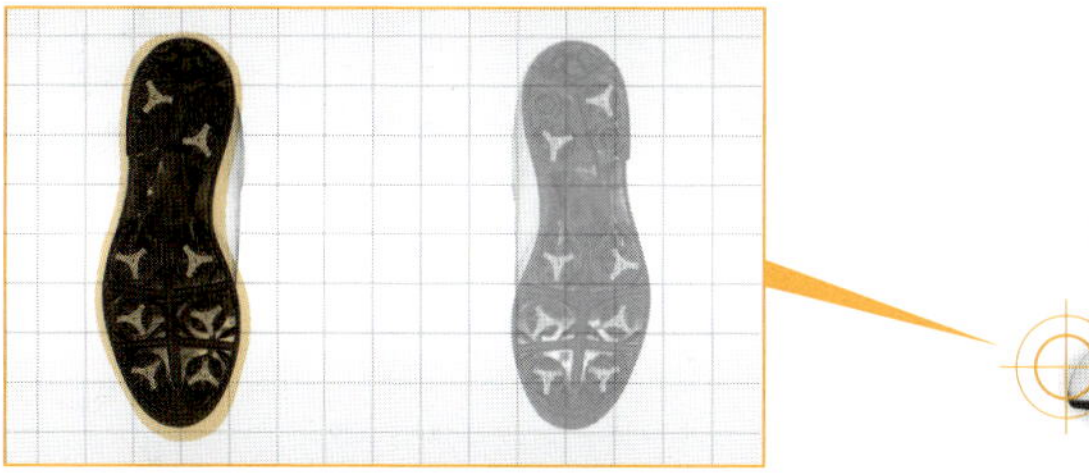

重心をやや後ろ寄りに

低く打ちたい場合

高く上げたいときとは逆に、いつもより少しだけ前足に体重を乗せる。こうすることでスイングの軌道がやや前にずれるため、ヘッドが最下点に到達する前にインパクトする。上から押さえるかたちになるため、ボールは上がらない。

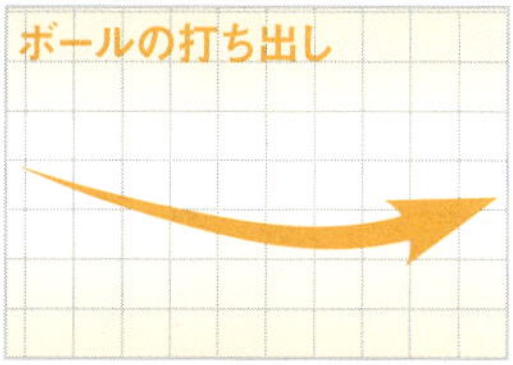

勝手に低く飛び出す

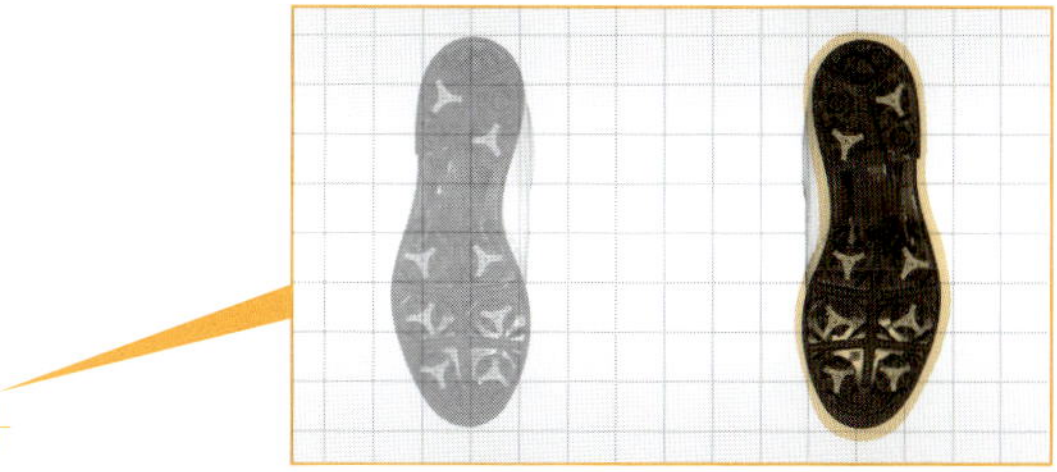

重心をやや前寄りに

スコアを上げるために

5

傾斜があっても飛ばしたい

ラウンド経験の少ない人にとっての難関がコースの地形です。ラウンドするとわかりますが、コースには前後左右に微妙な角度がついていることが多く、それがスイングの軌道を狂わせてしまうんですね。

たとえば左足上がり（飛球線の先の地面が上がっている地形）だと、そのままスイングするとヘッドが地面に衝突してしまうような感覚に陥ります。これは間違っていませんが、だからといって大きくスタンスを変えると、今度はスイングが不安定になって結局、失敗を招くことに。

どのような傾斜でも大切なのは〝地球の中心に基準を合わせること〟です。傾斜がついていると、思わず傾斜の角度に合わせて体を傾けてしまいそうになります。しかし傾斜がついているからといって、重力のはたらく方向が変わるわけではありません。つまりヘッドやクラブにはたらく力は変わらないのに、姿勢を大きく変えると、関係性が崩れてしまうんですね。

コツは、下半身はいつもどおりの姿勢を維持し、上半身を傾斜に対応させること。「まっすぐゾーン」を通す基本は、どんな地形でも変わりません。

左足上がり

体が後方に傾きやすくなる。そのため重心を前足（下図では左足）にずらして、体が垂直になるようにバランスを保つ。この姿勢で右肩をやや下げ左肩をやや上げるようにすると、肩のラインが地面と平行になり、トップや空振りの危険性も減る。ただしあまり左足に体重をかけすぎると、今度は体が突っ込みやすくなる。

左足下がり

体が前方に傾きやすくなる。そのため重心を後ろ足（下図では右足）のほうにずらして、体が垂直になるようにバランスを保つ。この状態で、左肩をやや下げ右肩をやや上げるようにすると、肩のラインが地面と平行になるため、ダフる危険性も少なくなる。あとはいつもどおり振るだけでよい。

つま先上がり

体がかかとのほうに傾きやすくなるため、いつもよりのけぞった姿勢になりやすい。そのため重心をつま先のほうにずらすとともに、少し上半身を前に傾け、体が垂直になるようにバランスを保つ。体とボールの距離が近くなるので、傾斜がきつい場合は、ひざを少し伸ばすなどして調整しよう。

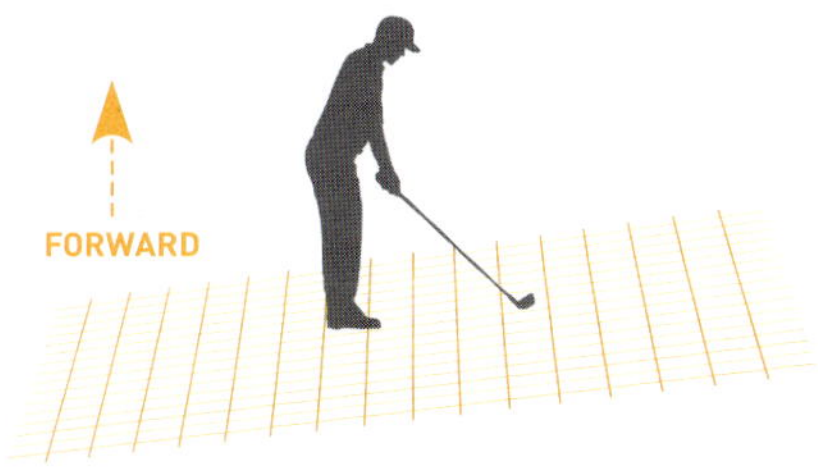

つま先下がり

体がつま先のほうに傾きやすくなるため、いつもよりかがんだ姿勢になりやすい。そのため重心をかかとのほうにずらすとともに、少し背すじを伸ばして体が垂直になるようバランスを保つ。また、手元からボールまでの距離が遠くなるため、傾斜がかなりきつい場合は、足の幅を広くしてひざを少し曲げると安定しやすくなる。

column

ゴルフには
生き方があらわれる

ゴルフは「メンタルが7割」とも言われ、精神状態や性格が大きく影響します。たとえば完璧主義の人は練習中に1打ミスが出ただけで思い悩みがちですが、ポジティブでおおらかな人は気持ちいいショットが出さえすれば問題なく続けられます。これはラウンド中でも同じ。自分に意識を集中させるタイプの人は、ミスショットが出ると細かい点にばかり意識が向き、それが無意識のうちにスイングに影響してスコアを崩しがちです。部下や同僚を活かせるタイプの人は、ほかの人のショットもよく観察して自分を客観視するのでスコアは崩しにくいでしょう。本書のメソッドで上達が早いのは、任せられる人。まっすぐ飛ばす動きを自力で全部コントロールしようとすると、疲労や動揺などの影響を強く受けてスイングを崩し、なかなか戻せません。クラブという優秀なパートナーを信じられれば、そうした要素の影響を最小限に抑えられるので、スムーズに上達できます。

Appendix
付録

Rules & Manners

これだけは
知っておきたい

ゴルフのルール&マナー

ゴルフのルールはたくさんありますが、
それらを覚える前に、まず一緒にラウンドする人を不快にさせないために
最低限知っておきたい考え方があります。
それは大人として楽しむこと。
ゴルフは純粋に勝敗だけを競うスポーツではなく、
"大人の遊び"であり、ゴルフ場は大人の社交場でもあります。
だからこそ心に余裕を持って、紳士的な振る舞いを忘れてはなりません。
たとえばこんな感じに。
「ジェントルマン」…自らが自らの行い(プレー)を正しくジャッジする
「人間の尊厳」…自分に厳しく(ルール)、相手を思いやる(マナー)
「クラブライフ」…人と人とのコミュニケーションを大切にする
「遊び心」…マッチプレーやお酒を楽しむ
いかがでしょうか。これらを重んじ、楽しむことが大切です。
次ページから紹介する最低限のルールとマナーだけ守れば、
細かな点はラウンドしながら確認していけばOKです。
多少ルールがわからなくても、紳士、淑女の気持ちを忘れなければ、
きっとだれもがあなたに親切にしてくれるはずですから。

準備編

Q ラウンドのときはどんな服装でいけばいいの？

A 最近は機能性だけでなくデザインも種類が豊富に取りそろえられている。基本だけ押さえて、好きなものを自由に選ぼう。

● シャツ
ポロシャツなど襟つきのもの、またはタートルネックが無難。Tシャツなどラフすぎる格好はNG。

● パンツ
シャツと同じく、ジャージやジーンズなどラフな格好は避けよう。夏場で短パンをはく場合は、ハイソックスを合わせるとよい。

● シューズ
底が平らなスポーツ用シューズであればOK。金属製の鋲がついたものは禁止されているコースが多いので、注意が必要。

Q 何人集まればゲームができるの？

A 基本は1組4人。4人以上になる場合は、2組に分割されることもある。3人や2人でもラウンドできるが、1組あたりのカートやキャディさんの料金は変わらず、割高になる場合が多い。

Q どこに行けばできるの？

A ゴルフ場（ゴルフクラブ）でプレーできる。全18ホールで構成されるのが基本。コースは、フルだけでなくハーフ（9ホール）で回ることもできるし、ショートコース（9ホール）もある。電話やインターネットで予約しよう。

Q クラブやボールは自分で用意するの？

A どちらもゴルフ場で借りられるが、できれば使い慣れたものを持っていきたい。クラブは最大14本までプレー中に所持できる。ボールは3～4個携帯し、自分のものだとわかるようにマジックなどで印をつけておこう。

Q ラウンドにはいくらかかるの？

A ゴルフ場によって差はあるが、1人1ラウンドで1万円はみておこう。平日のほうが安く、土日や祝日は割高になる。ゴルフ会員権を得るとプレー代金はビジターに比べ割安になるが、購入費のほか年会費がかかる。

ゴルフは長時間、屋外でプレーするスポーツ。
途中で体調を崩さないように
コンディションを整えるのはもちろんのこと、
プレー当日の天候や気温を充分に考慮したうえで、
適切な服装や道具をそろえよう。

Q クラブとボール以外に必要なものは？

A プレー中は遮光物がないため直射日光にさらされる。サングラスや着替え、洗面用具（プレー後にお風呂に入ることもあるため）などを持っていこう。夏は虫除けや日焼け止め、冬はカイロや耳当てなどがあると便利だ。

Q 身近にプレーできる人がいないときは？

A ゴルフ場に行くと、その場でシングルの人や3人以下の人たちを集めてブッキングしてくれるところもある。また、SNSのサークルなどに参加するのも手。車を持っていると重宝されるとか。

Q ラウンドするうえで最低限知っておきたい用語は？

A コースには、場所によって以下のような名前がある。覚えておこう。

● **ティーグラウンド**
各コースの最初に、ティーショット（1打目）を打つ場所。

● **グリーン**
パッティングをおこなうエリア。ボールを打ってグリーン上で静止させることを“オン”と呼ぶ。

● **スルーザグリーン**
ティーショットからグリーンまでの道のりのこと。芝が短く刈り込まれたフェアウェイのほか、ハザードやラフなどがある。

● **ハザード**
コースの途中に用意されたバンカーや池のこと。

● **ラフ**
フェアウェイに比べ、地面に凹凸があったり、芝が長く伸びていたりするエリア。

Q 打数や時間の制限はないの？

A プライベートでプレーする場合はとくにないが、なかなか打たなかったり、あまりにも打数が多かったりすると、同じ組や後続組の人を待たせてしまう。これは最も嫌がられる行為。“プレーファースト”を心がけよう。

Q 1ラウンドどれくらいの時間がかかるの？

A 4人1組でプレーした場合、1ラウンド平均4時間半、ハーフで2時間15分くらいはかかる。合間に昼食や休憩をはさむ場合もあるが、長丁場になるのでプレー前に水分補給や軽食をとるなどしてコンディションを整えておこう。

Q 反則をした場合どうなるの？

A 反則の内容に応じて打数が上乗せされる。初心者がしがちな反則は以下のとおり。これ以外にも反則行為は細かく決められているので、やりながら覚えよう。

- **1打罰 アドレス後にボールが動いてしまった**

いかなる場合もボールの位置を動かしてはいけない

- **1打罰 泥のついたボールを拾って拭いた**

勝手にボールを拾うのも反則

- **2打罰 ボールまわりの芝を踏みならして打った**

プレーを有利にするため環境を変えてはならない

- **2打罰 グリーンでライン上のスパイク跡を踏みならして打った**

ほかのプレーヤーが残した跡も環境の一部とみなされる

プレー編

Q 途中で体調を崩したりトイレにいきたくなったりしたときは？

A トイレはコースの途中にもいくつか設けられているので、ガマンできないようなら、ほかの人に申告してすみやかに済まそう。体調不良の場合は、無理せず途中棄権して休憩できる場所に移動する。

Q 打つ順番はどうやって決めるの？

A スタートホールでは、くじ引きによって"オナー（最初に打つ人）"を決める。その後、スルーザグリーンでは、グリーンから遠い人順に打っていく。次のホールからは、スコアの成績がよい人から打つのが基本だ。

Q ほかの人が打つときはどうしていればいいの？

A 打つ人の視界に入らないように少し離れたところに立って、静かに見守る。素振りや大きな声を挙げるなど、プレーヤーの集中力を妨げる行為は厳禁だ。また打った後も、ボールが静止するまで見守るのがマナー。

Q そのほかに気をつけたいマナーは？

A ダフって地面を掘ったときなど、プレーで傷つけてしまったコースは必ず自分で原状回復する。後の人が気持ちよくプレーできるようにしよう。

● **ボールマークを直す**
ボールマークとは、ボールがグリーンに落ちたときに残る跡のこと。グリーンフォークを使って芝草を中央に寄せた後、上からパターで押しつけて平らにする。

● **ディボットを直す**
ディボットとは、ボールを打ったときにクラブで削り取った芝の断片のこと。窪んだ箇所に土を盛って、足で軽く踏みならして平らにする。

Q 自分のスコアはどうやって記録すればいいの？

A 各ホールで全員がプレーを終了した後に、受付でもらえるスコアカードに記録していく。進行を遅らせないようにすばやく記入しよう。最近では簡単にスコアを記録できるスマートフォンのアプリもたくさんある。

**プレー中は、とにかくほかのプレーヤーに迷惑をかけないことが鉄則だ。
自分の成績ばかりにとらわれると、
さまざまなルール&マナー違反を犯すことに。
全員が気持ちよくプレーできるように考えて行動しよう。**

Please enjoy your progress in the fastest way.

新井 真一（あらい・しんいち）

1963年、東京都生まれ。日本プロゴルフ協会会員、FLAGS GOLF SCHOOL最高執行責任者。日本大学ゴルフ部出身。国内ツアーでのハーフ最小スコア28の記録保持者。グローイングツアー優勝、アジア、アメリカミニツアー出場の経験、USPGAツアーで活躍しているカルロス・フランコ選手のキャディ経験など、幅広いキャリアを通じて、独自の理論をもとに、ジュニアから上級者までを指導している。著書は『練習場で確実にうまくなる！　ゴルフのきほん』（高橋書店）など多数。

いきなりまっすぐ飛ばせるようになる！

2015年4月30日　初版印刷
2015年5月10日　初版発行

著　者　新井 真一
発行人　植木 宣隆
発行所　株式会社サンマーク出版
東京都新宿区高田馬場2-16-11
電話　03-5272-3166
印刷・製本　共同印刷株式会社

ISBN 978-4-7631-3451-6　C2075

ホームページ　http://www.sunmark.co.jp
携帯サイト　http://www.sunmark.jp